Working Moms (Hg.), Stefanie Bilen

Mut zu Kindern und Karriere

Working Moms (Hg.)
Stefanie Bilen

Mut zu Kindern
und Karriere

40 Working Moms erzählen, wie es funktionieren kann

Frankfurter Allgemeine Buch

Bibliografische Information der Deutschen Nationalbibliothek
Die Deutsche Nationalbibliothek verzeichnet diese Publikation
in der Deutschen Nationalbibliografie; detaillierte bibliografische
Daten sind im Internet über http://dnb.d-nb.de abrufbar.

Working Moms (Hg.), Stefanie Bilen
Mut zu Kindern und Karriere
40 Working Moms erzählen, wie es funktionieren kann

Frankfurter Societäts-Medien GmbH
Frankenallee 71–81
60327 Frankfurt am Main
Geschäftsführung: Oliver Rohloff

1. Auflage
Frankfurt am Main 2016

ISBN 978-3-95601-159-7

Frankfurter Allgemeine Buch

Copyright   Frankfurter Societäts-Medien GmbH
Frankenallee 71–81
60327 Frankfurt am Main
Umschlag & Satz   Julia Desch, Frankfurt am Main
Druck   CPI books GmbH, Leck

Widmung

Wir widmen dieses Buch unseren Kindern, unseren Partnern, den liebevollen Betreuern unserer Kinder außerhalb der Familie und den Menschen in unserem beruflichen Umfeld, die uns in unserem Weg bestärkt haben.

Inhalt

Vorwort der Working Moms

Als wir das Netzwerk Working Moms vor zehn Jahren in Frankfurt am Main gegründet haben, war der Auslöser die Frage einer schwangeren Bankerin an uns junge, berufstätige Mütter. Sie wollte wissen, wie sie eine liebevolle Betreuung finden, wie sie ihre Arbeitszeit besser planen und trotzdem beruflich erfolgreich sein könne. Sie kannte in ihrem ganzen Umfeld sonst keine einzige Frau, die nach der Geburt ihrer Kinder relativ rasch wieder angefangen hatte, Vollzeit oder quasi-Vollzeit zu arbeiten. Heute hat sie übrigens zwei großartige Kinder und ist Finanzchefin ebendieser Bank.

Dr. Phoebe Kebbel

Manches ist in den vergangenen zehn Jahren einfacher geworden für Frauen, die sich mit ihren Partnern für ein solches Lebensmodell entscheiden: Eine Rückkehr nach spätestens einem Jahr ist durch Elterngeld und Elternzeit zum Standard geworden und viele Arbeitgeber zeigen sich flexibler als früher.

Dr. Anke Nestler

Dennoch fehlt es oft an sichtbaren Rollenvorbildern für solche Frauen im beruflichen Umfeld, im Freundes- oder Familienkreis: Die eigenen Mütter haben vielleicht gearbeitet, nur wenige von ihnen aber waren Führungskräfte. In vielen Unternehmen finden sich auf den oberen Ebenen Männer oder kinderlose Frauen. Kommt dann noch Skepsis aus der eigenen Familie oder aus dem Freundeskreis hinzu, beginnen viele werdende Mütter zu zweifeln, ob sie ihre Karriere nicht vorübergehend auf Eis legen sollten.

Ina Steidl

Wir möchten mit diesem Buch junge Mütter an unseren Erfahrungen teilhaben lassen. Die Working Moms zählen heute knapp 400 Mitglieder in sechs deutschen Großstädten. 40 von ihnen nehmen in diesem Buch Stellung zu den vielen Fragen, die sich beruflich ambitionierte Frauen stellen, wenn sie ein Kind erwarten oder auch nur über eine Familiengründung nachdenken: Sollte ich meine Kinder lieber früh oder spät bekommen? Wem vertraue ich mein Kind an, wenn ich arbeite? Was biete ich meinem

Arbeitgeber an? Wie lange kann ich eine Auszeit nehmen? Soll ich in Teilzeit oder Vollzeit zurückkommen? Oder gleich den Arbeitgeber wechseln, mich vielleicht sogar selbständig machen? Welche neuen Arbeitszeitmodelle gibt es, die genügend Zeit und Flexibilität für die Familie bieten? Und wie teilen wir uns die Arbeit zuhause fair auf?

Auf alle diese Fragen gibt es keine universal gültigen Antworten. Was dieses Buch auszeichnet, ist der breite Erfahrungsschatz von 40 erfolgreichen Frauen, die zwei Dinge gemeinsam haben: Ihre Kinder sind für sie das Wichtigste auf der Welt. Sie erleben aber auch ihre Arbeit als identitätsstiftend. Sie suchen daher nach neuen Wegen, beides miteinander zu vereinbaren. Da ist die Personalchefin, die sich ihren Job mit einer anderen Mutter teilt, oder die Angestellte einer Modefirma, die ihr eigenes Label gegründet hat. Da ist die Interimsmanagerin, die zeigt, dass man Unternehmen auch mit einer Vier-Tage-Woche sanieren kann. Es gibt Frauen, die sich in Männerdomänen behaupten, etwa bei der Bundeswehr und im Baumaschinensektor. Oder bei Bosch, wo eine alleinerziehende Mutter über Jahre pünktlich um 16.15 Uhr Feierabend machte und heute Bereichsleiterin mit 400 Mitarbeitern ist. Und da ist die selbständige Optikermeisterin, die sehr plötzlich ein Pflegekind bekam und das Baby mangels Elternzeit in den ersten Monaten in ihrem Laden vor dem Bauch getragen hat.

Viele der Working Moms haben die Regeln in ihrem beruflichen Umfeld neu definiert. Sie haben neue Wege gesucht und gefunden, um in unserer Gesellschaft die Vereinbarkeit von Beruf und Familie für Mütter und Väter zu erleichtern: Unsere Mitglieder haben Teilzeit in Führungspositionen oder Jobsharing in ihren Firmen eingeführt, sie haben tageweise Arbeit im Home Office durchgesetzt oder zuhause neue Rollenmuster ausprobiert und für gut befunden. Sie leben aktiv das Modell flexibler Arbeitszeiten und nutzen dabei sinnvoll die technischen Möglichkeiten, die sich heute bieten.

Eines wollen wir dabei nicht beschönigen: Das Leben mit Familie und einem fordernden Beruf ist anstrengend. Auch das thematisieren wir in diesem Buch — wie man sich als Familie immer wieder neu justieren muss, damit alle Beteiligten zu ihrem Recht kommen: die Kinder, der Partner und die Mutter selbst. Das gilt nicht nur in Krisensituationen wie bei Scheidung oder Krankheit, sondern auch im Alltagsleben. Wenn wir dabei Kompromisse machen, wissen wir nicht immer, ob diese richtig sind.

Deshalb wollen wir auch nicht missionieren, sondern Geschichten erzählen, die Mut machen. Wer möchte, dem bieten wir uns als Vorbilder an, die Mütter zur beruflichen Weiterentwicklung und ambitionierte Frauen zur Familiengründung ermutigen. Dabei drängen wir niemandem unser Familienmodell auf. Denn so wenig wir es mögen, wenn andere unser Modell verurteilen, so wenig machen wir das gegenüber Frauen, die einen anderen Weg gehen. Seien wir tolerant!

Denjenigen aber, die sich mit unserem Lebensmodell identifizieren können, möchten wir dieses Buch als Anregung an die Hand geben. Denn wir selbst hätten uns ein solches gewünscht, als wir uns auf das Abenteuer Familie eingelassen haben.

Dr. Phoebe Kebbel *Dr. Anke Nestler* *Ina Steidl*
(Gründerinnen von Working Moms e.V.) *Verbandsvorstand*

P.S. Die Zeichnungen in diesem Buch stammen von Kindern der Working Moms.

„Meine Mama": Konrad aus Frankfurt, damals fünf Jahre.

Grußwort

Kind oder Karriere? Diese Frage sollte sich heute niemand mehr stellen. Denn sie führt in eine Sackgasse. Eigener Nachwuchs und ein erfülltes Berufsleben sind kein Widerspruch. Das war es nie — zumindest für die meisten Männer. Und das sollte es auch für Frauen nicht sein. Leider zeichnet die Realität hierzulande ein anderes Bild: Vor allem Frauen kümmern sich um die Familie, sie arbeiten häufiger in Teilzeit, und selbst prominente Frauen treten zugunsten der Familie öffentlichkeitswirksam von hochrangigen Posten zurück.

Janina Kugel

Dabei weiß ich aus eigener Erfahrung: Kind und Karriere sind nicht nur miteinander vereinbar, in Kombination sind sie auch sehr erfüllend. Die Geburt meiner Kinder hat meiner Karriere keinen Schaden zugefügt. Im Gegenteil: Sie ging damit erst so richtig los. Mein Blick schärfte sich für das Wesentliche, ich lernte, noch besser zu planen, zu organisieren und zu kommunizieren. Kurzum, meine Arbeit bekam eine neue Qualität. Dabei möchte ich niemandem etwas vormachen: So sehr ich meine Kinder und meinen Job liebe, Kompromisse sind bei mir an der Tagesordnung. Dazu gehört das tägliche Jonglieren um das Gleichgewicht zwischen Beruf und Familie. Weder schaffe ich es persönlich zu jedem Geschäftstermin, noch zu jedem Arztbesuch meiner Kinder. Aber zu allen wichtigen.

Genauso wichtig wie das Priorisieren ist jedoch, das eigene Lebensmodell aktiv zu gestalten. Das bedeutet, alternative Wege zu suchen und neue Möglichkeiten zu schaffen. Als ich zum Beispiel einmal bei einem Gespräch für eine neue Stelle meine Bedingungen für Flexibilität genannt hatte, unter denen ich den Job antreten würde, sagte mein männlicher Gesprächspartner nach einer Weile unangenehmen Schweigens: „Wow, Sie stellen ja Forderungen. Das hätte ich mich auch mal trauen sollen, dann hätte ich mehr von meinen Kindern gehabt." Er wurde übrigens mein Chef.

Gerade wir Frauen müssen viel mutiger sein. Denn wir sind in Deutschland noch nicht so weit, dass uns Gleichberechtigung unser Leben lang in den Schoß fällt. Wir haben zwar mit den Jungs die Schulbank gedrückt, gemeinsam studiert und sind gleichzeitig ins Berufsleben gestartet. Doch diese Phase der unbeschränkten Möglichkeiten endet für viele Frauen mit der Geburt eines Kindes. Dann kehren alte Rollenmuster zurück: Danach sind Frauen hauptsächlich für die Betreuung der Kinder verantwortlich, Männer für das geregelte Einkommen. Damit katapultieren sich Frauen langfristig in eine gewisse finanzielle Abhängigkeit — denn sie reduzieren mit längeren Auszeiten vom Job nicht nur ihre Möglichkeiten der beruflichen Weiterentwicklung und damit ihr Gehalt, sondern auch ihre Altersvorsorge.

Andere Länder sind da weiter. In Schweden oder Dänemark zum Beispiel verlassen Frauen ebenso wie Männer das Büro ganz selbstverständlich um 17 Uhr, um erst einmal für die Familie da zu sein und eventuell später wieder zu arbeiten. Normal sind auch Tage, an denen der Vater zu Hause bleibt. Die Führungskraft handhabt es ja schließlich genauso. Was können wir in Deutschland davon lernen? Mehr Kita-Plätze oder die Gleichstellungsquote werden nur Teile des Problems lösen und Familien nur bedingt vor ständigen Zerreißproben schützen. Letztlich brauchen wir ein gesamtgesellschaftliches Umdenken, weg von der antiquierten Rollenverteilung. Väter müssen wir zuhause stärker in die Pflicht nehmen — und in Unternehmen genug Freiräume und Anreize schaffen, dass sie dieser Pflicht auch nachkommen können.

Zu einem erfüllten Leben gehören aktives Gestalten und mutige Entscheidungen. Eine mutige Entscheidung könnte sein, auf nichts zu verzichten: weder auf Kinder noch auf die eigene Karriere. Das bedeutet nicht, dass alles im Alter zwischen 25 und 35 passieren muss. Im Gegenteil: Frauen in den hoch entwickelten Industrieländern haben heute eine durchschnittliche Lebenserwartung von mehr als 80 Jahren. Die Statistik ist also auf unserer Seite. Fragen Sie deshalb nicht: „Soll ich? Kann ich?" Fragen Sie: „Will ich?" Wenn Sie diese Frage bejahen können, dann tun Sie es einfach. Genau wie die Frauen, die in diesem Buch zu Wort kommen.

Ich wünsche Ihnen viel Freude — beim Lesen sowie beim Gestalten.

Ihre

Janina Kugel
Vorstand der Siemens AG

1. Wunschkinder:
Wann ist der perfekte Zeitpunkt?

Um es vorweg zu nehmen: Den idealen Moment für das erste Kind gibt es nicht. Steckt man noch in der Ausbildung, fehlt das Geld. Hat man schon mehrere Beförderungen hinter sich, wird man vielleicht nicht mehr schwanger. So stellen es sich viele Frauen vor – oder erleben es selbst, wenn sie ihren Kinderwunsch auf die lange Bank geschoben haben. Aus medizinischer Sicht ist alles oberhalb des 35. Geburtstags eine Risikoschwangerschaft. Doch muss man nicht mal besonders unentschlossen sein, um dieses Alter vor dem Muttersein zu erreichen: Abitur, Auslandsaufenthalt, Studium, Praktika, manchmal auch Promotion – dann ist der 30. Geburtstag nicht mehr weit. Hat man im Job Fuß gefasst, fehlt vielleicht der passende Mann. Und hat man einen Partner zum Gründen einer Familie gefunden, mangelt es manchmal am beruflichen Umfeld, das schwangere Mitarbeiterinnen begeistert aufnimmt.

Früh Kinder bekommen: Junge Mutter, viel Elan

Inga Draeger ist froh, dass sie sich von solchen Überlegungen frei gemacht hat. Sie war 29, als sie ihr erstes Kind bekam: Die Berlinerin hatte nach ihrem Studium der Kommunikationswissenschaften bei ihrem Arbeitgeber, einer Kommunikationsagentur, Fuß gefasst. Seit zwei Jahren war sie mit ihrem Mann verheiratet: Sie fühlten sich bereits als kleine Familie und wollten beide Kinder haben. Deswegen war es für sie der nächste natürliche Schritt, wie Inga Draeger sagt. Noch länger zu warten, um beispielsweise im Beruf gefestigter zu sein, war weder für sie noch für ihren Mann ein Thema. „Natürlich macht man sich Gedanken, wie sich Kinder auf das Berufsleben auswirken werden. Aber mein Mann und ich sahen es optimistisch und glaubten daran, dass beides geht: ein erfülltes Berufsleben und ein glückliches Familienleben."

Heute, drei Jahre und ein zweites Kind später, versprüht sie noch immer denselben Optimismus. Beim ersten Kind machte sie ein Jahr Elternzeit und schloss ein berufsbegleitendes MBA-Studium ab (Master of Business Administration). Nach der Geburt des zweiten Kindes nimmt ihr Mann eine Auszeit. Inga Draeger hat zwischenzeitlich den Arbeitgeber gewechselt und einen Karrieresprung gemacht: Raus aus der Agenturszene – zu einem Pharmaverband, wo sie näher an den Inhalten und am politischen

Geschehen ist. Keine Frage: Manchmal ist es für sie und ihren Mann anstrengend, Familie und Karriere unter einen Hut zu bekommen. Doch dann, erzählt Inga Draeger, sagen sie sich gegenseitig: „Den perfekten Zeitpunkt gibt es ohnehin nicht."

Karin Bernlochner weiß das nur zu gut: Sie war 27, als sie ihr erstes Kind bekam. „Ich wollte keine Spätgebärende sein mit hohem Risiko oder der Unsicherheit, ob es überhaupt klappt", sagt sie. Und weil Kinder für sie und ihren Mann ganz selbstverständlich zum Leben dazugehören, haben sie auch keinen Plan gemacht, wann ein Baby am besten in die berufliche Entwicklung hineinpassen könnte. Tatsächlich waren die Rahmenbedingungen in ihrem Job alles andere als perfekt, als sie ihr erstes Kind erwartete: Karin Bernlochner hatte ihr Studium der Politik-, Wirtschafts- und Rechtswissenschaften in München hinter sich und arbeitete an der European Business School in Oestrich-Winkel an ihrer Promotion. Weil ihr Doktorvater keine Zukunft für schwangere Doktorandinnen an seinem Lehrstuhl sah, verließ sie irgendwann entnervt das Institut – und brach ihr Vorhaben schließlich ab.

Nach der Geburt ihres Sohnes bewarb sie sich um einen Job in der Wirtschaft. Zu seinem ersten Geburtstag heuerte sie Vollzeit als Unternehmensberaterin an. Ihr Mann, ebenfalls ein Berater, wechselte in die Elternzeit. Karin Bernlochners Job beinhaltete Reisetätigkeit und auch Abwesenheiten über Nacht, was ihr schwer fiel, aber sie wusste ihr Kind bei dessen Vater schließlich in guten Händen. Und sie sah wenig Alternativen: „Mit kleinem Kind und ohne Berufserfahrung ist der Wiedereinstieg nicht einfach. Deshalb ging ich aufs Ganze und bewarb mich nur auf Vollzeitstellen", sagt sie. Ohne übrigens ihr Muttersein im Lebenslauf zu vermerken. Das hatte ihr zuvor nur Absagen beschert.

TIPP „Junge Mütter, die beruflich am Ball bleiben, haben den Vorteil, mit Anfang, Mitte 40 im Job voll durchstarten zu können, weil ihre Kinder dann schon aus dem Gröbsten raus sind."
Karin Bernlochner, Marketingmanagerin

Die Mutter von inzwischen zwei Kindern ist froh, dass sie ihren Nachwuchs früh bekommen hat. Wenn sie miterlebt, wie viel Aufhebens ältere Eltern um ihre Kinder machen oder wie wichtig ihnen Komfort und Luxus sind, freut sie sich, dass sie und ihr Mann vergleichsweise unkompliziert geblieben sind: „Wir fahren mit unseren Kindern überallhin in Urlaub und zerbrechen uns vorher nicht den Kopf, wie das alles gehen soll." Oman, Indien und Costa Rica haben die vier Bernlochners schon bereist: Statt in einem riesigen Bungalow schlafen alle problemlos in einem Doppelzimmer. Und noch einen Vorteil sieht die 33-Jährige im frühen Muttersein: „Als ich meinen 30. Geburtstag feierte, war ich tiefenentspannt. Mann, Kinder, Job — alles lief irgendwie. Die meisten meiner Freundinnen werden zu dem Zeitpunkt hingegen richtig nervös, weil sowohl Karriere als auch Kinder noch ausstehen."

Frauen in Deutschland neigen dazu, immer später Kinder zu kriegen. 2014 war eine Mutter bei der Geburt ihres Kindes laut Statistischem Bundesamt im Schnitt fast 31 Jahre. Ihr Alter bei der Geburt des ersten Kindes stieg alleine in den vergangenen fünf Jahren von 28,8 auf 29,5 Jahre. Akademikerinnen sind mit durchschnittlich 33 Jahren sogar noch etwas älter. Die Ursachen sind nach Aussagen von Wissenschaftlern stets dieselben: Frauen mit einer guten Ausbildung starten vergleichsweise spät ins Berufsleben.

Bevor sie Kinder bekommen, wollen sie Fuß fassen im Job und erste Erfolge sehen. Dann haben sie Sorge, die hart erarbeitete Führungsposition zu verlieren, wenn sie wegen eines Babys pausieren. Manchmal springt dann auch noch der Partner ab. Einen neuen zu finden, ist für Frauen verhältnismäßig schwierig: Denn Frauen suchen nach Erfahrung von Wissenschaftlern grundsätzlich Männer, die mindestens das gleiche Bildungsniveau und ein gleiches oder höheres Gehalt haben. Wenn hochgebildete Frauen also höhergebildete Männer suchen, bedeutet das automatisch eine kleine „Zielgruppe".

Diese Sorge hatte Caroline Gilles nicht, sie war schon seit einiger Zeit mit ihrem Freund zusammen. Als beide beschlossen, Kinder zu bekommen, hatte keiner von ihnen geglaubt, dass sie tatsächlich ein Jahr später zu Dritt sein würden: Als die Juristin mit 31 Jahren schwanger wurde, war sie geschockt: Der Arzt hatte ihnen prophezeit, dass es länger dauern könnte, bis es tatsächlich klappt. Nach neun Jahren Jurastudium, Referendarzeit und Auslandsstudium hatte Caroline Gilles erst mit 29 in einer Großkanzlei angeheuert. Als sogenannter Associate, einer Anwältin ohne Personalverantwortung, arbeitete sie an Fusions- und Übernahmeprojekten, einem sehr dynamischen Bereich für Wirtschaftsanwälte. „Ich wollte richtig loslegen und fühlte mich durch die Schwangerschaft regelrecht ausgebremst."

Im Rückblick ist sie heilfroh, dass es so gekommen ist. „Während einer anspruchsvollen Karriere den ‚richtigen' Zeitpunkt für eine Schwangerschaft bewusst zu wählen, ist eine ziemliche Herausforderung", sagt sie.

„Viele zögern und wollen erst eine höhere Karrierestufe erreichen – aber dann haben sie unter Umständen ein Alter erreicht, in dem es rein kräftemäßig nicht mehr so leicht fällt, alles zu vereinbaren. Auch ist manchmal ‚die Luft raus', weil man in seiner Karriere schon etwas erreicht hat."

Sie aber hatte als junge Mutter reichlich Energie: Caroline Gilles kehrte nach sechs Monaten Elternzeit mit 80 Prozent in ihren alten Job zurück. „Ich war so entschlossen weiterzumachen. Ich hatte gerade erst richtig Freude im Job und ließ daher keinen Zweifel daran, dass ich nach meiner Babypause mit denselben Ambitionen zurückkommen würde."

Ihre kleine Tochter bekam schon mit den ersten Jahren mit, dass sie einen Beruf hatte, der ihr Spaß machte. Hin und wieder ließ es sich etwa nicht vermeiden, dass sie zu Hause an einer Telefonkonferenz teilnahm oder sie sich auf dem Weg zur Kita telefonisch mit Kollegen abstimmte. Ihre Tochter war zwei Jahre alt, erinnert sich die Juristin schmunzelnd, als die sie das erste Mal imitierte und in ihr imaginäres Smartphone sprach: „Jutta, hallo Jutta, haben wir jetzt eine Telko...?"

Gilles war die erste und einzige Mutter im Transaktionsbereich der Wirtschaftskanzlei in Düsseldorf. Vorbilder oder Gleichgesinnte waren daher Mangelware. Sie empfand es als hilfreich, dass sie noch keine Führungsposition innehatte. Wenn sie beispielsweise wegen ihrer kranken Tochter zu Hause blieb, wurde sie im Tagesgeschäft relativ problemlos ersetzt. Später, als sie nach ihrem zweiten Kind als sogenannter Counsel mehr Verantwortung hatte, konnte sie Aufgaben in solchen Fällen zwar delegieren, empfand aber einen größeren Druck. Nicht zuletzt, weil ihre Kollegen auf derselben Hierarchiestufe sie kritisch beäugten. „Ich hätte mich beispielsweise nie getraut, ein Meeting zu beenden, weil ich meine Kinder aus der Kita abholen musste", erinnert sie sich. Nach ihrem Gefühl hätte das ihre Position geschwächt.

Trotzdem brachte sie ihre zwei Mädchen gelegentlich mit ins Büro: „Wenn sie dabei waren, haben sie jedes Mal die Stimmung aufgehellt und Fröhlichkeit ausgestrahlt. Sekretärinnen brachten Malsachen und Kekse, und viele der eher strengen Partner wurden plötzlich freundlich und sanft."

> **TIPP** „Wer früh Kinder bekommt, geht unbeschwerter an die Verantwortung heran. Zudem tappen junge Eltern seltener in die Perfektionsfalle."
> *Caroline Gilles, Juristin, Grohe/Lixil Water Technology*

Heute hat Caroline Gilles die Kanzlei längst verlassen und arbeitet in einem Unternehmen. Ihre beiden Töchter sind 13 und zehn Jahre alt und aus dem Gröbsten raus. Inzwischen genießen die Mädchen es, mehr Freiheiten als viele ihrer Klassenkameradinnen zu haben. Ihren Nachmittag können sie – nach Absprache mit der Kinderfrau – sehr eigenständig gestalten.

Das, was Karin Bernlochner sich ebenfalls für die Zukunft erhofft – nämlich mit Anfang 40 beruflich nochmal durchstarten zu können –, ist bei der Anwältin inzwischen eingetreten. Nach zehn Jahren in der Groß- kanzlei und fünf Jahren als Syndikusanwältin in einem Chemiekonzern arbeitet die Gründerin der Düsseldorfer Working Moms seit Kurzem als Inhouse-Juristin für den japanischen Mutterkonzern des Armaturenher- stellers Grohe. Das internationale Umfeld ist mit viel mehr Geschäftsreisen verbunden als in ihren früheren Jobs.

Deutlich früher hat Uta Lecker-Schubert ihr erstes Kind bekommen: Ihr Sohn Julian wurde geboren, als die 24-Jährige noch studierte. Weil sie bald alleinerziehend war, wechselte sie von ihrer Präsenzhochschule in Tübin- gen zur Fernuniversität Hagen. Sie war gerade von einem Auslandssemes- ter aus Kalifornien zurückgekommen und glaubte fest daran, dass sie ihr Studium auch mit Baby schaffen würde. Ihre Eltern unterstützten sie – und als ihr Sohn im Alter von drei Jahren in den Kindergarten ging, konnte sie nebenbei arbeiten, um ihren Lebensunterhalt zu verdienen.

Sie startete in der Personalabteilung von Siemens, wechselte zu BMW und zog später nach Coburg, um ihre Karriere dort bei einer Versiche- rung fortzusetzen. Ihr Sohn war anfangs in einem Ganztagskindergarten untergebracht, später im Schulhort. „Ich bin mit extrem viel Einsatz ins Berufsleben gestartet. Ich machte Überstunden, arbeitete abends oder am Wochenende, wenn mein Sohn etwa bei meinen Eltern war. Aber ohne mein Kind geht bei mir gar nichts."

Mit diesem Elan und Selbstbewusstsein einer jungen Mutter hat die Per- sonal-Managerin ihren Sohn bei jedem Bewerbungs- und Beförderungs- gespräch vorneweg erwähnt. Als er alt genug war, besuchte er sie zum Mittagessen in der Firma. Auch zu Fortbildungen nahm seine Mutter ihn ab und zu mit. Es ist wohl die besonders enge Bindung einer Alleiner- ziehenden zu ihrem einzigen Kind, die hinter einer solchen Einstellung steckt. Selbst zum Elterngespräch in der Schule hatte Uta Lecker-Schubert ihren Jungen später dabei. „Ich erinnere mich noch gut daran, dass sein Lateinlehrer in der 5. Klasse beim ersten Mal sehr komisch geguckt hat."

Im Rückblick bewertet die Mitt-Vierzigerin die ersten Jahre mit Kind so: „Auch wenn es anstrengend war, alles alleine zu machen — ich war meist sehr gelassen. Ich hatte keine Probleme damit, meinen Sohn auch in ganz jungen Jahren eine Woche zu meinen Eltern oder Schwiegereltern zu geben, wenn es sein musste." Das Ergebnis ist ein sehr enges Verhältnis zu seinen Großeltern. Selbst als Julian bereits in die Schule ging, war er manchmal außerhalb der Ferien bei ihnen und besuchte die Grundschule, an der seine Oma unterrichtete. „So entspannt wie damals bin ich heute nicht mehr", sagt die Working Mom, „deshalb haben wir ein fest bei uns lebendes Au-Pair-Mädchen."

Spätes Mutterglück: Reife Eltern, größere Sicherheit

Uta Lecker-Schubert vereint beide Rollen: Sie war eine sehr frühe Mutter — und hat jetzt, 18 Jahre später, noch zwei Mädchen bekommen. Seit 2012 ist sie mit ihrem neuen Partner verheiratet, im Jahr darauf kam ihre erste Tochter zur Welt, ein Jahr später die zweite. „Ich empfinde es als großes Glück, dass wir noch zwei gesunde Kinder bekommen haben. Dass mein Mann und ich uns überhaupt noch gefunden haben."

Uta Lecker-Schubert sagt, dass sie es schafft, diese Dankbarkeit in ihr Leben zu integrieren. „Wir achten darauf, dass es nicht nur den Kindern und uns selbst, sondern auch dem anderen gutgeht." Alle zwei Wochen geht das Paar aus, um auch als Mann und Frau im Gespräch zu bleiben: Wie geht es dem anderen? Welche Themen kommen zu kurz im Alltag mit Kindern, Hund, einem Au-Pair-Mädchen und zwei vollen Terminkalendern? Diese Achtsamkeit führt Uta Lecker-Schubert auf ihre bisherige Lebenserfahrung zurück. In jüngeren Jahren, glaubt sie, wäre sie dazu so noch nicht imstande gewesen. Zugleich nennt sie einen großen Nachteil der späten Mutterschaft: Die Großeltern sind dann ebenfalls älter. Sie bedauert es zutiefst, dass ihre Mutter starb, als die Mädchen noch klein waren und sie nicht mehr kennenlernen konnten.

Damit sich jene Akademikerinnen, die einen bindungswilligen Partner haben, nicht gegen das Kinderkriegen entscheiden, sind Vorbilder und zeitgemäße Rollenmodelle immens wichtig. Die Vorstellung, als Einzige weit und breit mit dickem Bauch am Meeting-Tisch zu sitzen oder nachmittags zur Kita zu eilen, wirkt auf viele Frauen abschreckend. Gibt es aber Chefinnen und Chefs, die zeigen, dass sie Familie und Karriere vereinbaren können, wirkt sich das positiv auf Jüngere aus. Der Vorteil für viele späte Mütter: Wer mit reichlich Erfahrung und unverzichtbarem Know-how fest im Sattel sitzt, kann seinen Arbeitgeber oft viel leichter davon überzeugen, dass Babypause und Wiedereinstieg bei reduzierter Stundenzahl machbar sind.

Astrid Bohé war genau 40, als sie schwanger wurde. Die Unternehmensberaterin hatte immer ausgesprochen gerne gearbeitet, spannende Projekte betreut und war viel international unterwegs. Für ihr Baby wollte sie daher gerne bewusst pausieren und sechs Monate in Elternzeit gehen, um anschließend vier Tage pro Woche wiederzukommen. Doch dann wurde sie drei Wochen vor der Geburt ihres Sohnes in die Geschäftsführung von Accenture befördert. Sie einigte sich mit ihrem Arbeitgeber auf einen Kompromiss: Rückkehr schon nach vier Monaten Elternzeit, dafür mit reduziertem Zeiteinsatz, damit sie selbst möglichst viel Zeit mit ihrem Kind verbringen und Entwicklungsschritte mitbekommen konnte. „Natürlich gab es Stimmen, die fragten, wie eine Geschäftsführerin Teilzeit arbeiten kann", erinnert sich Astrid Bohé. „Aber weil ich ein gewisses Standing hatte, konnte ich das durchsetzen."

TIPP „Wer spät Kinder bekommt, hat die nötige Stabilität sowie oft auch die finanziellen Grundlagen, um sich ein Leben als Familie besser leisten zu können."

Ina Steidl, Vorstand Working Moms e.V.

Ortswechsel nach Stuttgart: Anja Unglaub musste bei einem großen Arbeitgeber wie Bosch weniger verhandeln. Seit 2001 arbeitet die Betriebswirtin in dem Technologie- und Dienstleistungsunternehmen. Alle paar Jahre machte sie einen Karrieresprung, bis sie merkte, dass ihr die Zeit davonläuft. Schließlich bekam sie im Alter von 38 Jahren ihr erstes — und einziges — Kind. Auch das war kein optimales Timing, denn genau in der Schwangerschaft wurde sie in den Förderkreis für Bereichsleiter bei Bosch aufgenommen; einen Weiterbildungszirkel, der ausgewählte Führungskräfte auf verantwortungsvolle Positionen vorbereitet. „Mein erster Reflex war ‚Oh nein, das passt ja gar nicht', aber ich wusste, irgendwie wird es auch trotz meiner Babypause weitergehen", sagt Unglaub.

Sie organisierte ihre Abteilung um, verkleinerte das Team und beauftragte erfahrene Mitarbeiter mit der operativen Leitung, so dass ihr Chef sie kommissarisch vertreten konnte. Sie verabschiedete sich ruhigen Gewissens für ein Jahr in die Elternzeit. Dass sich die Abteilung nicht weiterentwickeln würde, nahm sie in Kauf. Ihr Ziel war, ein Jahr später an derselben Stelle anzuknüpfen.

Am Ende kam es doch ganz anders – sie kehrte auf eine ganz andere Stelle zurück –, doch Unglaub trug ihre Auszeit im Xing-Lebenslauf selbstbewusst unter dem Titel „Mothers in Love!" ein und genoss die Zeit mit ihrer Tochter. Heute, sieben Jahre später, hat die Stuttgarterin Verantwortung für 400 Mitarbeiter und ist überzeugt: „Es gibt nicht den optimalen Zeitpunkt, man braucht immer kreative Lösungen. Aber wenn man weitsichtig plant und Ideen für den Wiedereinstieg hat, dann geht es fast zu jedem Zeitpunkt."

Für Ina Steidl hat das späte Mutterglück hingegen wesentliche Vorteile: „Ich habe mich erst meinem Baby ,Selbständigkeit' gewidmet und es zum Laufen gebracht, bevor ich meine zwei anderen Babys auf die Welt brachte", sagt sie schmunzelnd. Steidl war Anwältin in einer internationalen Großkanzlei, bis sie 2005 mit einem Geschäftspartner eine auf Juristen spezialisierte Personalvermittlung in Frankfurt gründete.

Inzwischen hat ihre Firma zehn Mitarbeiter an vier Standorten – und sich in der Szene etabliert. Was der Geschäftsführerin Raum lässt für ihre Töchter, sechs und zwei Jahre alt. Nach Auslandsaufenthalten in Bristol, Moskau und Los Angeles sowie der Firmengründung hat sie sich ausprobiert und fühlt sich ausgeglichen und stabil, um sich sowohl auf die Bedürfnisse ihrer zwei kleinen Mädchen als auch der Familie zu konzentrieren. Das heißt, sie ist Hauptverdienerin der Familie und ihr Mann übernimmt einen Großteil der Familien- und Hausarbeit.

Die Unternehmerin fühlt sich jetzt mit Anfang 40 viel eher reif für diese Verantwortung als mit Ende 20. Auch dass sie finanziell auf soliden Beinen steht, gibt ihr Sicherheit: „Wir befinden uns in der komfortablen Situation, uns eine Kinderfrau und auch mal einen Babysitter leisten zu können, die uns den Rücken freihalten."

TIPP „Ob früh oder spät: Mütter brauchen immer kreative Lösungen, um Karriere und Familie miteinander vereinbaren zu können."

Anja Unglaub, Bereichsleiterin Bosch

---

2. Schwanger – und jetzt?
Mutterschutz und Elternzeit

Was heißt das aber überhaupt – kreative Lösungen für Elternzeit und Wiedereinstieg? Der Gesetzgeber hat Rahmenbedingungen für Schwangere definiert, an die sich Arbeitgeber wie Arbeitnehmer halten müssen. Trotzdem gibt es immer wieder Firmen, die Schlupflöcher finden und Schwangere oder Mütter unfair – und schon gar nicht ihrem Potential entsprechend – behandeln. Zugleich sind Mitarbeiterinnen mit Kind gut beraten, ihrem Arbeitgeber manchmal entgegenzukommen und es vor allem besonders deutlich zu kommunizieren, wenn sie weiter an ihrer Karriere interessiert sind. Es ist noch häufig der Fall, dass sich Mütter mit Kleinkind stärker als andere beweisen müssen.

„Unsere Familie": Lina aus Stuttgart, sechs Jahre.

Mutterschutz: 14 Wochen Rechte und Pflichten

Die sogenannten Schutzfristen unmittelbar vor und nach der Geburt sind die Phasen, in denen Schwangere von der Arbeit freigestellt werden. Im Regelfall sind es sechs Wochen vor dem errechneten Entbindungstermin und acht Wochen danach. Während letztere verpflichtend vorgeschrieben sind, kann sich eine Schwangere vor der Geburt gegen die Freistellung entscheiden. Die Regelung gilt allerdings nur für Arbeitnehmerinnen, nicht für angestellte Geschäftsführerinnen und Selbständige. Dasselbe trifft für die Elternzeit zu. Hinsichtlich des Mutterschutzes kommt es verhältnismäßig selten zu Streitigkeiten zwischen Arbeitgeber und Arbeitnehmerin. Hier die Eckpunkte aus dem Mutterschutzgesetz und der Mutterschutzverordnung:

MÜTTER IN SPE: SO STEHT ES IM GESETZ

- ▸ Grundsätzlich Mitteilung der Schwangerschaft gegenüber dem Arbeitgeber, sobald bekannt
- ▸ Verbot von Mehr-, Nacht- und Sonntags-/Feiertagsarbeit (Mehrarbeit: jede Arbeit über 8,5 Stunden/Tag, Nachtarbeit: 20 bis 6 Uhr)
- ▸ Kündigungsverbot für Arbeitgeber während gesamter Schwangerschaft und bis vier Monate nach Entbindung; Ausnahmen nur bei Zustimmung der zuständigen Behörde
- ▸ allgemeines Beschäftigungsverbot während Schutzfristen: sechs Wochen vor dem errechneten Geburtstermin (Schwangere kann darauf ganz oder teilweise verzichten) sowie acht Wochen nach der Geburt (zwölf Wochen bei Früh- und Mehrlingsgeburten, nicht verzichtbar)
- ▸ Während dieser Schutzfristen erhalten (werdende) Mütter mit gesetzlicher Krankenversicherung Mutterschaftsgeld: 13 Euro pro Tag
- ▸ Privat Versicherten steht nach Antrag Mutterschaftsgeld vom Bundesversicherungsamt zu: maximal 210 Euro
- ▸ Egal wie versichert: Arbeitgeber muss Differenz zwischen 13 Euro pro Tag und dem durchschnittlichen Nettoarbeitsentgelt zahlen
- ▸ Wird innerhalb der Schutzfrist vor der Geburt gearbeitet oder Urlaub genommen, zahlt der Arbeitgeber dafür das normale Bruttoarbeitsentgelt
- ▸ Bezahlte Stillzeiten während der Arbeitszeit: mindestens zweimal täglich eine halbe Stunde oder einmal pro Tag eine Stunde, bei mehr als acht Stunden pro Tag länger
- ▸ Mutterschutzvorschriften gelten bislang nur für Arbeitnehmerinnen, nicht für angestellte Geschäftsführerinnen oder Selbständige

Zum Glück in anderen Umständen:
Fernab der Zentrale schwanger

Protokoll von Henrike Diers, Wirtschaftsingenieurin:

„Eigentlich wissen die meisten Kollegen und Vorgesetzten bei mir im Unternehmen nicht, dass ich einen Sohn habe. Natürlich erzähle ich es Mitarbeitern und meinem Chef. Aber es ist ganz praktisch, dass ich während einer Drei-Jahres-Delegation bei Siemens in Portugal schwanger war. Die meisten unserer Führungskräfte kennen mich nicht mit dickem Bauch. Manchmal habe ich das Gefühl, dass das von Vorteil ist. Gewisse Diskussionen muss ich gar nicht führen.

In Portugal werden Mütter staatlich nicht so gut unterstützt wie hierzulande. Sie haben keinen Mutterschutz vor der Geburt und die meisten kommen vier Monate nach der Geburt in Vollzeit zurück, weil sie ihren Job nicht riskieren und Geld verdienen wollen. Für mich galten jedoch die deutschen Rahmenbedingungen, ich zahlte in die deutsche Sozialversicherung ein. Drei Wochen vor der Geburt unseres Sohnes ging ich in den Mutterschutz und arbeitete drei Monate danach meinen Nachfolger ein. Mein Einsatz in Portugal war beendet – und auf mich wartete bereits eine neue Aufgabe in der Sparte der Erneuerbaren Energien von Siemens.

Weil meine Auslandstätigkeit auf drei Jahre begrenzt war, hatte ich ohnehin mit der Personalabteilung verhandeln müssen, welchen Job ich im Anschluss übernehmen könnte. Kinderthemen oder eine längere Elternzeit spielten dabei keine Rolle. Ich habe auch überhaupt keinen Zweifel aufkommen lassen, dass sich irgendetwas ändern würde. Die Frage meines Arbeitgebers, wie ich die Kinderbetreuung regeln wolle, hätte ich absurd gefunden. Väter fragt man schließlich auch nicht danach. Zum Glück kam es auch gar nicht auf das Thema. Ich habe die erste Zeit mit Baby gemeinsam mit meinem Mann gut geregelt. Anfangs waren sogar meine Eltern einige Wochen in Portugal und haben unterstützt. Zurück in Deutschland machte ich vier Wochen Pause, bevor Max in die Kita kam.

Es fügt sich sehr gut, dass mein Mann zehn Jahre älter ist als ich. Als Kinderneurologe hat er seine Karriere an der Charité bereits gemacht und ist jetzt als angestellter Arzt in einer Praxis flexibel.

Wenn ich jungen Frauen einen Tipp geben sollte, wäre es deshalb dieser: Augen auf bei der Partnerwahl! Nur wenn sich Mutter wie Vater für die

Familie engagieren, können auch beide berufstätig sein, ohne dass die Kinder möglicherweise darunter leiden.

Ansonsten finde ich wichtig, dass alle Lebensmodelle respektiert werden. Gerade Frauen und andere Mütter stellen große Erwartungen an junge Mütter. Männer halten sich da viel stärker zurück. Und auch ich versuche, mich davon frei zu machen. Ich zeige gerne meinen Stolz und mein Glück über unser Kind. Es muss nur nicht als Allererstes in beruflichen Verhandlungen sein. Und ich habe damit klarzukommen, dass ich nicht bei jedem Weihnachtsbasteln oder Laterne laufen dabei sein kann. Das macht dann mein Mann. Für mich ist das okay."

(Henrike Diers, 37, ist Einkaufsleiterin Offshore bei Siemens Wind Power Hamburg mit einem Team von zehn Mitarbeitern. Sie ist verheiratet, ihr Sohn ist fünf Jahre alt.)

Elternzeit: Von der Kunst, guten Kontakt zu halten

Betrachtet man Studienergebnisse und verfolgt die Diskussionen in hiesigen Personalabteilungen oder Frauennetzwerken, wird deutlich: Rechte und Zuschüsse alleine reichen nicht, um ein elternfreundliches Arbeitsumfeld zu schaffen. „It's the culture, stupid", möchte man in Anlehnung an Bill Clintons Wahlkampfstrategien sagen, die mit der Überzeugung „It's the economy, stupid" 1992 die US-Präsidentschaftswahlen gegen George W. Bush gewannen. Wenn es darum geht, eine familienfreundliche Atmosphäre zu schaffen und Mütter zum Fortsetzen ihrer Karriere zu animieren, ist die Unternehmenskultur entscheidend, bestätigt Isabel Hochgesand, Geschäftsführerin von Procter & Gamble, selbst Mutter zweier Kinder. „Hierzulande behandeln wir Frauen und Männer am Arbeitsplatz schon bei der Nachricht der Schwangerschaft unterschiedlich. Männern wird freudig gratuliert, während sich viele Frauen sorgenvoll fragen lassen müssen: ‚Und wann kommst du wieder...?'"

ELTERNGELD UND ELTERNZEIT

- ▸ Anspruch auf Elterngeld haben Eltern, die ihre Kinder vorrangig selbst betreuen und die im Monatsdurchschnitt jeweils nicht mehr als 30 Stunden pro Woche erwerbstätig sind
- ▸ bis zu 14 Monate Basiselterngeld (Elternteil eins max. zwölf Monate, Elternteil zwei mind. zwei Monate) oder

- ▸ bis zu 28 Monate Elterngeld Plus für teilzeitarbeitende Mütter und Väter (aus einem Elterngeld-Monat werden zwei Elterngeld-Plus-Monate, inklusive Partnerschaftsbonus), es bestehen diverse Kombinationsmöglichkeiten
- ▸ Elterngeld bemisst sich nach dem pauschaliert berechneten Nettoeinkommen vor der Geburt: 67 Prozent bzw. maximal 1.800 Euro, mindestens aber 300 Euro
- ▸ Elterngeldregelung gilt unabhängig vom Beschäftigtenstatus, also auch für angestellte Geschäftsführer, Selbständige, Erwerbslose und Studierende
- ▸ Ausnahme: zu versteuerndes Einkommen von mehr als 250.000 Euro (ein Elternteil) bzw. 500.000 Euro (Paare) in dem Kalenderjahr vor der Geburt
- ▸ Schriftlicher Antrag auf Elternzeit mindestens sieben (bei Kindern bis drei Jahren/dreizehn (bei Kindern zwischen drei und neun Jahren) Wochen vor Beginn, dabei Erklärung, für welche Zeiten innerhalb von zwei Jahren Elternzeit in Anspruch genommen werden soll
- ▸ Bis zu drei Zeitabschnitte pro Elternteil möglich, mehr nur mit Zustimmung des Arbeitgebers
- ▸ Anspruch auf Teilzeitarbeit während der Elternzeit, wenn der Arbeitgeber mehr als 15 Arbeitnehmer beschäftigt; Ankündigung der Absicht schon im Antrag ratsam
- ▸ Nach Elternzeitantrag und während Elternzeit Kündigung durch den Arbeitgeber nur in Ausnahmefällen mit Zustimmung der zuständigen Behörde zulässig
- ▸ Rückkehr nach Ende der Elternzeit: Anspruch auf vertragsgemäße Beschäftigung, aber nicht auf konkreten vorherigen Arbeitsplatz
- ▸ Weiterführende Infos und Elterngeldrechner: www.familien-wegweiser.de

Manchmal werden Frauen im entsprechenden Alter sogar schon vorab gewarnt, wie eine Berliner Working Mom von ihrem Begrüßungsgespräch mit dem Chef an einem neuen Standort berichtet: „Werden Sie bloß nicht schwanger", waren dessen einleitende Worte. „Mütter können wir hier nicht gebrauchen, wir haben Großes mit der Abteilung vor."

Es wird wohl noch eine Weile dauern, bis auch Vorgesetzte des alten Schlages akzeptieren, dass Chancengleichheit nicht nur ein wünschenswertes Phänomen beim Glücksspiel ist. Bis dahin obliegt es modernen Führungskräften, mit gutem Beispiel voranzugehen. Working Moms können dafür sorgen, dass die Karriere von Nachwuchskräften nicht mit der Schwangerschaft beendet ist. Zugleich ist es an den Schwangeren, gegen bestehende Vorurteile anzugehen.

So wie Frauke Grotjahn. Die Wirtschaftsingenieurin arbeitet bei der DNV GL Gruppe, einem Experten in den Bereichen technische Beratung, Ingenieurdienstleistungen, Zertifizierungen und Risikomanagement – mit hoher Männerdichte. Sie war nach eigenen Worten eine der ersten Frauen mit Führungsverantwortung, die Kinder bekam – und mit ihnen den Gegenwind in der Firma empfing. Ihre Chefin, Anfang 50 und kinderlos, war sehr verhalten und abwartend, als sie von der Schwangerschaft erfuhr. Doch Grotjahns Plan stand: Sie wollte sechs Monate Elternzeit nehmen und anschließend Vollzeit auf ihre ursprüngliche Position zurückkehren.

Auch wenn sie wusste, dass sie keinen Anspruch auf den konkreten Job hatte. „Um drinzubleiben, schlug ich ihr vor, während der Elternzeit einen halben Tag pro Woche von zu Hause zu arbeiten." Ohne Bezahlung – wohlbemerkt. Die Vorgesetzte war skeptisch, aber sie willigte ein in die wöchentlichen Telefonate, in denen sich die junge Mutter auf den aktuellen Stand bringen ließ. Und als die Vorgesetzte merkte, dass Frauke Grotjahn es tatsächlich ernst meinte und die Telefongespräche Woche für Woche trotz des kleinen Babys wahrnahm, sammelte diese Pluspunkte. Als dann einiges in der Firma in Bewegung kam und ein Teil der Führungsriege wechselte, nutzte sie ihre Mitarbeiterin als echte Sparrings-Partnerin. „Die regelmäßigen Gespräche haben unserer professionellen Beziehung auf jeden Fall gutgetan", sagt Grotjahn.

TIPP „Ich habe sehr davon profitiert, auch während meiner Elternzeit einmal pro Woche mit meiner Vorgesetzten zu telefonieren, um mich auf dem Laufenden zu halten und im Gespräch zu bleiben."
Frauke Grotjahn, Wirtschaftsingenieurin

Inzwischen hat sie ihr zweites Kind und arbeitet noch in derselben Firma. Auch während der vorigen Elternzeit verabredete sie mit ihrem neuen Chef Telefonate im selben Rhythmus – und bekam diese als Arbeitszeit sogar bezahlt. Nicht nur das: Das Unternehmen wurde während der Auszeit der Wirtschaftsingenieurin fusioniert: Aus Germanischem Lloyd, wo Grotjahn ursprünglich in Hamburg arbeitete, und dem norwegischen Wettbewerber Det Norske Veritas wurde die DNV GL Group, eine internationale Klassifikationsgesellschaft sowie Experte in den Bereichen technische Beratung, Ingenieurdienstleistungen, Zertifizierungen und Risikomanagement.

Häufig sind Mütter oder Väter in Elternzeit in solchen Situationen die Ersten, denen ein Aufhebungsvertrag angeboten wird. Doch Frauke Grotjahn konnte sich trotz großem Stühlerücken von zu Hause für einen neuen Job in Position bringen — eine Führungsrolle, in der sie am Aufbau eines weltweiten sogenannten Shared Service Centers beteiligt ist.

Sicherlich ist es eine Typ-Frage, ob man seine Karriere auch mit Baby vorantreiben will oder erst mal darauf aus ist, den Status quo zu wahren und keine Rückschritte zu machen. Davon hängt bestimmt auch die Bereitschaft ab, wie stark Mitarbeiterinnen sich während Mutterschutz und Elternzeit für die Firma engagieren wollen. Doch Personalmanager und Führungskräfte raten allen Frauen, die mit der Geburt ihres Babys bei ihrem Arbeitgeber nicht in Vergessenheit geraten wollen, unisono: Sagt klar und deutlich, dass ihr nach wie vor berufliche Ambitionen habt!

Denn tatsächlich dominieren bei vielen Personalentscheidern noch die gelernten Rollenbilder: Gründen Frauen eine Familie, so die Annahme, stecken sie ganz selbstverständlich beruflich zurück. Sie nehmen Elternzeit, bekommen das zweite oder dritte Kind und wollen irgendwann einen Teilzeitjob, für den sie eigentlich überqualifiziert sind, um sich etwas dazuzuverdienen. Oder sie kündigen ganz, um sich an der Schule ihrer Kinder und anderswo ehrenamtlich zu engagieren.

> **TIPP** „Gerade in der Schwangerschaft gilt: Sagt klar und deutlich, dass ihr weiterhin berufliche Ambitionen habt."
>
> *Annette Feißel, Anwältin*

Weil es auch solche Lebenswege gibt, ist es besonders wichtig kundzutun, dass man sich selbst für einen anderen Pfad entschieden hat. Annette Feißel, selbst Mutter zweier Kinder und Partnerin einer international tätigen Wirtschaftskanzlei mit Sitz in Berlin, kann das aus Arbeitgebersicht bestätigen: „Wir als Arbeitgeber können ja nicht ahnen, wie die Lebensplanung unserer Kolleginnen aussieht." Wenn von den werdenden Müttern dann nur vage Vorstellungen geäußert werden, die sich zudem von Zeit zu Zeit ändern, ist es auch für familienfreundliche Unternehmen eine schwierige Ausgangslage, um Mitarbeiterinnen oder Mitarbeiter mit Kindern in der Karriereplanung zu berücksichtigen.

„Ich rate allen Schwangeren: Signalisiert eindeutig, wann ihr wiederkommen wollt und in welchem Umfang", sagt Feißel. „Mein Tipp: Ein Arbeitgeber wie wir kann mit Auszeiten von vier Monaten bis einem Jahr gut umgehen. Alles, was darüber hinausgeht, ist aus Arbeitgebersicht schwer planbar."

Virginia Bastian sieht es ähnlich — obwohl sie in einem ganz anderen Beruf, einer anderen Branche und einer anderen Gegend tätig ist. „Als ich schwanger wurde, hatte ich zwar noch keinen Plan, wie ich Job und Familie übereinander legen soll, aber ich wusste, was ich wollte, und habe mir dann einen Plan gemacht." Die promovierte Psychologin leitet die Personalabteilung einer Nestlé-Tochter. Sie hat schon häufig neue Herausforderungen im Unternehmen angenommen, ohne genau zu wissen, wie sie die ganz genau meistert — aber keinen Zweifel daran gelassen, dass sie bei ihr in guten Händen sind. An das „Projekt Elternzeit und Wiedereinstieg" ist sie mit derselben Professionalität herangegangen: „Ich habe meinen Vorgesetzten gegenüber sehr entschlossen kommuniziert, dass ich eine verlässliche Lösung finden werde."

Dabei war das gar nicht so einfach: Zusammen mit ihrem Mann war sie sich zwar immer einig, dass sie Kinder haben wollten, sie lebten aber bislang gar nicht danach. Er ist als Partner in einer Anwaltskanzlei in Frankfurt sesshaft, sie ist für Nestlé dort tätig, wo es der Job erfordert: Früher war es Hamburg, aktuell Euskirchen bei Köln. Den gemeinsamen Wohnsitz hat das Paar im Frankfurter Umland. Als dann vor zwei Jahren klar war, dass Familie Bastian Zuwachs bekommt, entwickelte die Managerin Szenarien. Dabei dachte sie gleich an den Wiedereinstieg mit, weil sie wusste, dass davon auch die Dauer und Regelung ihrer Elternzeit abhing.

Ihr war klar, dass sie nicht Vollzeit als Personalleiterin bei Nestlé Purina Petcare nach Euskirchen wiederkommen könnte. Ohne Anhang machte ihr die Pendelei nichts aus, mit einem Baby zu Hause wollte sie die Strecke von rund 200 Kilometern aber möglichst selten zurücklegen. Weil sie plante, zügig in den Job zurück zu kehren, suchte sie sich eine Interims-Managerin für acht Monate Elternzeit — und fand sie in einer Kollegin im Nestlé-Konzern. Da es zwischen den beiden fachlich und persönlich passte, kamen beide auf die Idee, sich nach Ablauf der Elternzeit die Stelle zu teilen. Dass die Regelung nicht nur für Purina Petcare, sondern für den gesamten Nestlé-Konzern ein absolutes Novum war, wird später im Job-Sharing-Kapitel beschrieben (siehe Seite 70).

Was aber ausschlaggebend dafür war, dass Virginia Bastian das Modell und damit auch acht Monate Elternzeit als Personalleiterin und Mitglied der Geschäftsleitung durchsetzen konnte, war der professionelle Umgang mit dem Thema. „Ich habe zu jedem Zeitpunkt starke Entschlossenheit demonstriert und keinen Zweifel daran gelassen, dass mein Plan aufgehen wird." Eine intensive Abstimmung mit ihrer Vertretung vor der Elternzeit gehörte genauso dazu wie regelmäßige Telefonate, als das Baby geboren war. So blieb sie im Thema und konnte zugleich unterstützen, wenn ihre Kollegin Fragen hatte. Dazu war kein starrer Zeitplan nötig. Beide Personalmanagerinnen waren flexibel genug, sich ad hoc und auf Zuruf telefonisch kurzzuschließen.

> **TIPP** „Geht das ‚Projekt Wiedereinstieg und Elternzeit' genauso professionell an wie alle anderen Projekte: Macht einen Plan, überzeugt eure Vorgesetzten davon und steht zu eurem Wort."
> *Dr. Virginia Bastian, Personalleiterin, Nestlé Purina Petcare*

Neben solch intensiven Kontakten in der Elternzeit gibt es auch einen Mittelweg für alle jene, die sich gerne von Zeit zu Zeit mit Vorgesetzten und Kollegen austauschen, die aber auch Abstand zum Job wahren und sich hauptsächlich ihrem Baby widmen wollen. Falls es die Firma nicht ohnehin anbietet, sollten Elternzeitlerinnen die Teilnahme an Weihnachtsfeiern, Sommerfesten und Team-Events einfordern. Stehen routinemäßige Personalentwicklungs- oder Feedbackgespräche an − egal ob für sie selbst oder für eigene Mitarbeiterinnen und Mitarbeiter −, sind sie eine gute Gelegenheit, bei wichtigen Terminen dabei zu sein.

Auch Anfragen für externe Vorträge oder die Teilnahme an Podiumsdiskussionen sollten nicht von vornherein abgesagt werden. Sie können eine gute Möglichkeit sein, sich öffentlichkeitswirksam aus der Babypause heraus zu Wort zu melden. Ähnlich sieht es mit Weiterbildungen aus: Wer schon immer bestimmte Kurse machen oder eine Zusatzqualifikation haben wollte, im hektischen Tagesgeschäft aber nicht dazu gekommen ist, findet möglicherweise in der Elternzeit eine Gelegenheit. Wichtig ist bei allen Terminen, dass eine Betreuung für das Baby organisiert werden kann; oder vielleicht fühlt sich die frisch gebackene Mutter auch gut dabei, ihr Kind zu kürzeren Terminen mitzunehmen.

„Mama hält einen Vortrag und das Baby darf mit": Hedi aus Hamburg, neun Jahre.

Adoption: Von Null auf Hundert Mutter

Es gibt keinen Kontrolltermin beim Gynäkologen, keine Schwangerschaftsmitteilung an den Arbeitgeber, keine Einkäufe von Umstandsmode — dafür durchleben Frauen vor einer Adoption mindestens genauso nervenaufreibende Monate wie Schwangere. Es sind Monate, wenn nicht gar Jahre des Hoffens und Wartens, ohne dass der eigene Bauch wächst. Und dann geht alles ganz schnell: Bekommen Paare einen positiven Bescheid auf eine Adoptionsbewerbung, kommt binnen weniger Wochen ihr Kind zu ihnen. Lang ersehnt, dafür ohne Eingewöhnungszeit, manchmal sogar überraschend.

Katrin Wagner wurde zweimal auf diese Art Mutter. Bei ihrer Adoptivtochter Amaya aus Äthiopien warteten sie und ihr Mann anderthalb Jahre auf einen positiven Bescheid, bis sie in Addis Abeba ihr Adoptivkind kennenlernten. Zwölf Wochen später durften sie es zu sich nach Hause holen. Bei ihrem zweiten Kind, einem Pflegesohn aus Deutschland, ging es noch viel schneller: Sechs Wochen, nachdem sie sich um ein Dauerpflegekind beim Jugendamt beworben hatten, konnten sie den kleinen Noah in Empfang nehmen — ein Baby im Alter von vier Tagen. Wie macht man es, wenn man von jetzt auf gleich ein Kind bekommt?

„Es war unser Glück, dass wir uns mit Amaya an das Elternsein herantasten konnten", sagt Katrin Wagner. Das Mädchen war acht Monate, als es zu ihr und ihrem Mann nach Stuttgart kam. Die Wagners hatten bei der Bewerbung bei einer Adoptionsagentur einwilligen müssen, dass einer von ihnen ein Jahr Elternzeit nimmt. In anderen afrikanischen Ländern ist es sogar üblich, dass die Adoptiveltern für eine gewisse Zeit im Land leben müssen, damit sie eine Bindung zu dem Kind im gewohnten Umfeld aufbauen können.

Gemeinsam beschlossen die Adoptiveltern, dass Katrin die Elternzeit nehmen würde. Die Augenoptikermeisterin konnte sich vorstellen, ihren Arbeitgeber zu verlassen, denn die Entwicklungschancen waren seit geraumer Zeit ausgereizt. So hatte sie ohnehin vor, sich mit einem eigenen Laden selbständig zu machen. Auch, um sich die Arbeit mit Kind flexibler einteilen zu können. Die Elternzeit wollte sie nutzen, um sich stärker mit dem Gedanken zu befassen. Ihr Mann, der Niederlassungsleiter eines Ingenieur-Dienstleistungs-Unternehmens, blieb Vollzeit in seiner bisherigen Anstellung.

Nachdem sie sich im ersten halben Jahr ausschließlich um Amaya gekümmert und das Mädchen sich gut entwickelt und eingelebt hatte, widmete sich die Optikerin parallel ihrer beruflichen Zukunft. Für kurze Zeit probte die heute 34-Jährige das vollzeitnahe Arbeiten mit Kind bei ihrem alten Arbeitgeber, um schließlich die eigene Selbständigkeit vorzubereiten. Dann hieß es, eine Mietfläche für ihren Laden zu suchen, die Werkstattausrüstung auszuwählen, Termine bei der Bank und mit Lieferanten, Vermietern und dem Architekten auszumachen: Oft hatte sie ihre Tochter im Schlepptau, ansonsten kümmerte sich eine Tagesmutter um die Kleine. „Ich hatte es mir immer so ausgemalt: Wenn ich ein eigenes Geschäft habe, kommen meine Kinder mich besuchen und können dort von einem Aupair oder einer Mitarbeiterin betreut werden, wenn ich keine Zeit habe."

Tatsächlich ist es auch so gekommen — sogar viel intensiver, als Katrin Wagner es vermutet hätte: Ihr Pflegesohn Noah kam Mitte 2014 sehr kurzfristig als Neugeborener zu ihnen. Weil sie es sich nicht erlauben konnte, im Laden zu fehlen, nahm die Stuttgarter Working Mom das Baby kurzerhand mit zur Arbeit. Ihren Optikerladen gab es da seit gerademal zweieinhalb Jahren. Ihre zwei Angestellten, eine davon in Teilzeit, kamen ohne die Mitarbeit der Chefin nicht aus. Die Einstellung einer Filialleiterin war finanziell nicht drin. Mit dem Jugendamt hatte sie es so abgesprochen: Katrin Wagner schnallte sich ihr Pflegebaby in einem Tragetuch vor die Brust und bediente Kunden als Mutter-Kind-Tandem. Unterstützung bekam sie von einem Au-pair-Mädchen, das kurz darauf in die Familie kam. „Das Arbeiten mit Baby war eine sehr spannende und erlebnisreiche Erfahrung", sagt die Unternehmerin heute. „Zum Glück waren meine Kunden immer ganz begeistert von dem braven ,Junior-Chef'." Irgendwann war Wagners Brillengeschäft Campbell in Stuttgart als „Laden mit dem Baby" bekannt.

Und auch dem Junior schien es vor der Brust zu gefallen, während seine Pflegemutter im Schnitt zwei bis drei Kunden pro Tag bediente. Und wenn er mal unruhig wurde oder beispielsweise seine Mama während eines Beratungsgespräches ordentlich mit unverdauter Milch bespuckte, sprang eine Mitarbeiterin ein. Erst als er größer und mobiler wurde, funktionierte das Modell nicht mehr so gut. Er brauchte mehr Anregung und Bewegung. Seit seinem ersten Geburtstag besucht er dieselbe Kindertagesstätte wie seine große Schwester Amaya. „Manche unserer Kunden bedauern das", sagt Katrin Wagner. „Sie finden es schade, dass man es nicht häufiger sieht, dass Kinder zeitweise bei der Arbeit dabei sind. Weil es jede Situation auflockert."

3. Alles bekannt und doch neu: Der Wiedereinstieg

Die Beratungsfirma Boston Consulting Group brachte es auf den Punkt, als sie Ende 2015 eine Studie über Frauen in Führungspositionen veröffentlichte und dabei provokant formulierte, dass Frauen mit Kindern hierzulande in einer „lebenslangen Babypause" enden. Zwar kehrten viele nach der Geburt ihrer Kinder ins Arbeitsleben zurück, schreiben die Autoren, doch die meisten von ihnen mit halber Kraft.

Laut Zahlen des Bundesfamilienministeriums (BMFSFJ) aus dem Jahr 2010 kehren 59 Prozent der Wiedereinsteigerinnen nach weniger als drei Jahren ins Erwerbsleben zurück. Die durchschnittliche Erwerbsunterbrechung von Müttern mit Kindern, die zwischen 2008 und 2010 geboren wurden, dauerte 19 Monate. Rund 30 Prozent der 5,3 Millionen berufstätigen Mütter arbeiten Vollzeit, wie Daten des Statistischen Bundesamts belegen, der Rest Teilzeit unter 32 Stunden.

Doch offensichtlich ändert sich die Stimmung im Land: Mehr als die Hälfte der Frauen, die für mehr als sechs Monate ausgestiegen waren, wären einer Studie des Forschungsinstituts IGES zufolge gerne wieder früher arbeiten gegangen. Was sie daran hinderte? Fehlende Kinderbetreuungsmöglichkeiten, mangelnde Flexibilität im Job und zu wenig Unterstützung des Partners, heißt es in der Untersuchung. Immerhin sind seit Einführung des Elterngeldes vor gut acht Jahren und mit dem Ausbau der staatlichen Kinderbetreuung mehr Mütter früher auf den Arbeitsmarkt zurückgekommen.

Vereinzelt gibt es sogar Projekte in der Wirtschaft, um auch Frauen aus einer langen Familienpause zurück ins Arbeitsleben zu holen: Der Chemiekonzern Lanxess hat beispielsweise ein „Senior Trainee-Programm" ins Leben gerufen, um Akademikerinnen, die wegen ihrer Kinder länger als sieben Jahre pausierten, den Wiedereinstieg zu ermöglichen. 18 Monate lang werden sie durch Fortbildungen und Mentoring begleitet.

Schlechtes Karma: Wenn der Chef mauert

Tatsächlich gelingt vielen Frauen nur unter großen Anstrengungen überhaupt ein Wiedereinstieg. Mal sind es subtile Bemerkungen und Sticheleien von Vorgesetzten und Kollegen, die Frauen entmutigen, auf ihre alte Stelle zurückzukehren. Mal werden ihnen Steine in den Weg gelegt und ihr Arbeitgeber winkt mit Degradierung und Gehaltskürzung. Die Frankfurt University of Applied Sciences hat in der Studie „Karriereperspektiven berufstätiger Mütter" unter 1.801 Teilnehmerinnen herausgefunden, dass jede dritte Mitarbeiterin von ihrem Vorgesetzten nicht ermutigt wurde, frühzeitig in die Firma zurückzukehren. 68 Prozent kehrten dennoch zurück, bekamen jedoch die alte Position nicht zurück (25 Prozent), weil entweder jemand anderes eingesprungen war oder die Stelle gestrichen wurde. Zwei von drei Wiedereinsteigerinnen mussten sich mit einem niedrigeren Tätigkeitsniveau, geringeren Einflussmöglichkeiten, schlechterer Bezahlung und/oder schlechteren Aufstiegschancen abfinden.

Anette von Löwenstern kennt diese Entmutigungen nur zu gut. Nicht aus Studien, sondern aus eigener Erfahrung. Die Politikwissenschaftlerin war Abteilungsleiterin für PR-Arbeit und Kommunikation mit einem Team von zehn Mitarbeitern bei einer Pharma-Marketing-Agentur, bevor sie schwanger wurde. Bis dahin galt sie als Leistungsträgerin des Unternehmens, akquirierte große Aufträge nicht nur für ihren Bereich und stand bei ihrem Chef, dem Inhaber, hoch im Kurs. Die frohe Kunde ihrer Schwangerschaft kommentierte der Chef jedoch mit den knappen Worten „Muss denn das jetzt sein?" Weil er ihr finanzielle Unterstützung bei der Kinderbetreuung zusagte, wenn sie denn schnell wiederkomme, zeigte die Hamburger Working Mom weiter überdurchschnittlichen Einsatz. Sie reiste quer durch die Republik, moderierte hochschwanger Ärzte-Workshops und freute sich darauf, künftig Beruf und Familie miteinander vereinbaren zu können.

Geplant hatte sie eine Elternzeit von zwei Jahren, allerdings bei einem Wiedereinstieg nach drei Monaten auf Teilzeitbasis. Sogar während des Mutterschutzes führte sie noch Kundengespräche und war eingebunden in die Kommunikation im Büro. Ein paar Wochen nach der Geburt saß sie wieder in der Agentur, während eine Kinderfrau mit dem Baby spazieren fuhr und es zum Stillen vorbeibrachte. Auch für die Firma war es eine schwierige Zeit. Ein wichtiger Kunde vertagte zugesagte Projekte, in anderen Bereichen blieben Aufträge aus. Doch die Stimmung war gut, weswegen Anette von Löwenstern aus allen Wolken fiel, als sie nach einem Urlaub erfuhr, dass ihr und ihrem gesamten Team gekündigt worden war.

Später wurde ihre Kündigung zwar zurückgenommen, weil sie in Elternzeit gar nicht zulässig ist, aber das Tischtuch war zerrissen.

„Ich empfand das Verhalten als absolutes Misstrauensvotum. Aus meiner Sicht hatte ich Größtmögliches geleistet – ganz ohne Würdigung", erinnert sich von Löwenstern. Das Arbeitsverhältnis wurde unschön beendet und schließlich machte sich die PR-Expertin erfolgreich selbständig – was im Kapitel über Firmengründungen beschrieben wird (siehe Seite 86). Dennoch brauchte Anette von Löwenstern einige Monate, bis sie sich von dieser Erfahrung erholte: „Für mich war es eine große Umstellung, mit 39 Jahren Mutter zu werden. Es hat eine Weile gedauert, bis ich mich an den neuen Rhythmus und die Verantwortung gewöhnt hatte: Die mangelnde Mobilität, die nicht vorhandene Flexibilität… Daran hatte ich zu knabbern und fühlte mich überhaupt nicht groß und stark. In einer solchen Situation so vom Arbeitgeber behandelt zu werden, ist mehr als unangenehm."

Positivbeispiele: Mit Schwung zurück zur Arbeit

Erfreulicherweise gibt es auch andere Arbeitgeber und Vorgesetzte. Und umso wichtiger ist es, sie sichtbar zu machen. Frauke Grotjahn arbeitet in einem solchen Umfeld: die Wirtschaftsingenieurin, die während ihrer sechsmonatigen Elternzeit jede Woche mit ihren Vorgesetzten telefonierte (siehe Kapitel „Schwanger- und jetzt?", Seite 25). Sie kehrte nach der Elternzeit in ein neues – fusioniertes – Unternehmen zurück und übernahm eine völlig neue Stelle: Als sogenannter Global Head of Process war die Finanzmanagerin am Aufbau eines weltweiten internen Dienstleistungszentrums beteiligt. Ein halbes Jahr später bekam sie weitere Zuständigkeiten und stieg in das Management-Team eines Projekts auf, das am Firmensitz in Oslo angesiedelt war. Fortan pendelte sie ein Jahr lang jede Woche für zwei Tage in die norwegische Hauptstadt, bis sie im Sommer 2015 sogar mit der gesamten Familie nach Oslo umzog.

Sie war bereit, viel zu geben, forderte aber auch einiges ein, damit sie gemeinsam mit ihrem Mann beide Jobs und das Familienleben mit zwei kleinen Kindern vereinbaren konnte. An normalen Arbeitstagen blieb sie bis 18 Uhr und länger im Büro, zweimal pro Woche ging sie um halb vier, um die Nachmittage mit ihren Kindern zu verbringen – ihr Mann machte in seiner Firma dasselbe. Ihre Kollegen waren nicht begeistert über Frauke Grotjahns Lösung, doch nach vier Wochen hörten die Sticheleien deswegen auf, erzählt sie.

Frauke Grotjahn wundert es nicht, dass es die negativen Reaktionen in der Firma gab: Schließlich war sie die Erste in der Abteilung, die als Mutter Vollzeit in den Job zurückkehrte. Doch sie nahm die kleinen Gemeinheiten ihrer Kollegen sportlich: „Ich habe das Spiel meiner Kollegen mitgespielt. Wer mir abends unwichtige und wenig dringende E-Mails schickte, bekam sofort eine Antwort – ergänzt um einige Fragen und Arbeitsaufträge. Das wirkte, die E-Mails ließen nach."

Auch Anja Unglaub hat bei Bosch nach ihrer Elternzeit einen anderen Job übernommen. Eigentlich hatte sie alle Vorkehrungen getroffen, um nach ihrer einjährigen Auszeit auf ihre alte Stelle zurückzukehren. Die hätte sie auch bekommen – zugleich wurde ihr jedoch ein zweiter Job angeboten. Es war eine herausfordernde Aufgabe: ein Restrukturierungsprojekt, bei dem sie mit der Geschäftsführung, dem Betriebsrat und vielen Mitarbeitern an zahlreichen Standorten zu tun haben sollte. Es reizte sie, diese Aufgabe, die Fingerspitzengefühl erforderte, zu übernehmen, obwohl sie mit einer reduzierten Arbeitszeit von 60 Prozent wiederkam. Angenehmer Nebeneffekt: Es fiel gar nicht auf, wenn sie manches von zu Hause aus erledigte, weil die betroffenen Mitarbeiter und Kollegen über ganz Deutschland verteilt waren. Dass die Position dem Titel nach keine Verbesserung darstellte, machte ihr nichts aus: Vorher war sie Abteilungsleiterin, jetzt nur Projektleiterin im Kundendienst Deutschland bei Bosch Thermotechnik. Doch es passt zu ihren Karriere-Grundsätzen, die ihr auf ihrem Weg von der Projektleiterin zur Gruppenleiterin, zur Abteilungsleiterin und schließlich Bereichsleiterin geholfen haben.

„Mama und Leandra lesen": Leandra aus Düsseldorf, sieben Jahre.

Zwei Jahre arbeitete Anja Unglaub auf der Stelle, erhöhte mehrfach ihre Stundenzahl und schaffte anschließend den Sprung in einen völlig anderen Bereich bei Bosch. Als Director Web Business Europe im zentralen IT-Bereich bei Bosch bekam sie nicht nur einen klangvollen Titel, sondern auch einen Job in einem Wachstumsbereich. Unglaub war als Abteilungsleiterin IT-seitig für alle europaweiten Bosch-Internetanwendungen verantwortlich. Weil ihr Vorgesetzter in den USA saß, vertrat sie ihn oft in Bereichsleiter-Versammlungen — und hatte wiederum ein Forum, in dem sie positiv auffallen konnte. Heute ist sie selbst Bereichsleiterin. Soll heißen: Manchmal kommt man auch über Umwege ans Ziel.

Nina Zimmermann hat etwas geschafft, von dem es häufig heißt, es sei gar nicht möglich: Sie hat sich aus der Elternzeit heraus eine neue Stelle gesucht. Der Grund dahinter: Ihr damaliger Freund und heutiger Mann lebte in München, sie aber arbeitete bei T-Online in Frankfurt. Um ein gemeinsames Familienleben zu ermöglichen, zog die gebürtige Engländerin mit indischen Wurzeln während ihres Mutterschutzes nach München und kündigte ihren Job. Ihre Tochter kam zur Welt — und Nina Zimmermann machte sich daran, eine neue Aufgabe zu suchen.

Doch sie war überrascht angesichts der Reaktionen, die ihr entgegengebracht wurden: „Viele gingen regelrecht auf Konfrontationskurs", erinnert sie sich. „'Du wirst ohnehin aufhören mit der Karriere', sagte man mir, mit kleinem Kind ist das doch gar nicht möglich', hörte ich immer wieder." Nina Zimmermann war erstaunt: Aufgewachsen in England war es für sie völlig normal, eine Vollzeit arbeitende Mutter zu haben. Eine solche gesellschaftliche Diskussion kannte sie nicht, Anfeindungen schon gar nicht. Ihr Mann und sie waren von Anfang an überzeugt, dass es möglich sei, dass beide Karriere machen und trotzdem Kinder haben. Zudem gefällt es ihnen, dass beide gleichberechtigt für den Familienunterhalt verantwortlich sind und die Last des finanziellen Unterhalts nicht nur bei einem von beiden liegt.

Was ihr aus der Zeit nach der Geburt als besonders absurd in Erinnerung geblieben ist, war eine Sachbearbeiterin im Jugendamt, bei der sie sich nach einer Tagesmutter erkundigen wollte. Statt ihr Hilfe anzubieten, kommentierte die städtische Angestellte das Anliegen der jungen Mutter mit den Worten: „Sie wissen schon, dass es wichtig ist, dass Sie sich das erste Jahr durchweg um ihr Kind kümmern, nicht?"

Durch Zufall lernte Nina Zimmermann den Gründer eines Start-ups kennen — Experteer, eine Karriere- und Stellenplattform. Er suchte eine online-affine und international erfahrene Managerin wie sie für die Expansion seines Unternehmens. Aber er brauchte jemanden sofort und wollte nicht bis zum Herbst warten, als Zimmermann nach der Elternzeit wiedereinsteigen wollte. Weil die kleine Familie inzwischen tatsächlich eine Tagesmutter gefunden hatte, fanden sie und ihr potentieller Arbeitgeber einen Kompromiss: Die Absolventin des Studiengangs „European Studies" kam an Bord — ihr Kind war damals gerade sechs Monate alt —, dafür allerdings vorerst nur Teilzeit. „Wenn ich die richtige Person haben kann, nehme ich auch eine begrenzte Verfügbarkeit in Kauf", zitiert Nina Zimmermann ihren Chef.

An diese Aussage sollte sie ihn sieben Jahre später erneut erinnern. Die Managerin war zum zweiten Mal schwanger. Als Mitglied der Geschäftsführung verantwortete sie inzwischen Produkt und Entwicklung, einen Bereich mit 35 Mitarbeitern. Würde der Gründer sich erneut darauf einlassen, sie neun Monate in Elternzeit gehen zu lassen? „Ich bin eine sehr organisierte Person. Mein Chef war erstaunt, wie gut ich den Job mit meinem Privatleben vereinbaren kann und alles packe. Beispielsweise kam es selten vor, dass ich zu Hause bleiben musste, weil meine Kinder krank waren."

Für ihre zweite Elternzeit rekrutierte Nina Zimmermann ihre Vertretung aus ihrem Team heraus. Zudem bereitete sie die ersten sechs Monate ihrer

Abwesenheit intensiv vor, für die restliche Zeit bewies sie nach eigenen Worten Mut zur Lücke. Ihr Chef vertraute ihr: „Ihm ist Verlässlichkeit wichtig." Trotzdem weiß sie, dass solche Auszeiten ihre Grenzen haben: „Alles über ein Jahr Elternzeit wäre ein Problem gewesen." Ironischerweise hat ihr Mann inzwischen einen Job in einer anderen Stadt angenommen. Nun pendelt er jede Woche nach Berlin und seine Frau managt den Alltag mit den zwei Kindern. „Es bedeutet Projektmanagement 24 Stunden pro Tag an sieben Tagen der Woche", sagt sie schmunzelnd.

Sie hat keine Sorge, dass ihre Kinder zu kurz kommen könnten. Abends und am Wochenende konzentriert sie sich auf die Familie. Eigene Hobbies oder Treffen mit Freundinnen stellt sie bewusst zurück. Zudem hat sie ihre Reisetätigkeit im Job auf ein Mindestmaß reduziert. Falls sie doch mal über Nacht weg muss, reist entweder ihre Schwiegermutter aus Berlin oder ihre Mutter aus London an.

> **TIPP** „Where there is a will, there is a way! – Wenn man Karriere machen will, muss man Forderungen stellen. Wenn man gut ist, werden sie erfüllt."
> *Nina Zimmermann, Digital-Managerin, Burda*

„Ich bin der felsenfesten Überzeugung, dass man sein Glück selbst schafft", fügt sie hinzu. Für sie und ihren Mann gehören Kinder und Karriere zum Glück dazu. Und Nina Zimmermann liebt die Bewegung so sehr, dass sie seit Kurzem woanders ihr Glück sucht. Auch mit zwei Kindern — im Alter von zwei und neun Jahren — ist ihr erneut ein Wechsel gelungen. Als Managing Director im Digitalbereich der Burda Mediengruppe verantwortet sie zahlreiche Internetauftritte des Verlagshauses, darunter beispielsweise Bunte.de. Diesen Job hat Zimmermann allerdings nicht angenommen, ohne eine Pause für sich und ihre Kinder herauszuschlagen. Anderthalb Monate stand die Familie und sie selbst im Mittelpunkt.

> **TIPP** „Ich habe bei allen drei Kindern meinen Wiedereinstieg so gestaltet, dass mein Arbeitgeber kein Problem zu lösen hatte. Tatsächlich wird einem die Lösung nie präsentiert, man muss sie sich immer selbst erarbeiten."
> *Dr. Fee Steinhoff, Head of User Driven Innovation,*
> *Telekom Innovation Laboratories*

Es tut sich etwas:
Progressive Arbeitgeber gestalten den Wandel

Erfahrungen wie diese zeigen: Es bewegt sich etwas. Fortschrittliche Arbeitgeber lassen sich nicht mehr davon abschrecken, Mütter von kleinen Kindern in ihr Team zu holen. Oder gar Frauen nicht einzustellen, weil sie im ‚gebärfähigen Alter' sind, wie es häufig plump formuliert wird. Denn inzwischen ist die Welt für Arbeitgeber nicht mehr so schwarz-weiß, wie sie einst wirkte: Manchmal werden Frauen heute mit Anfang 20 schwanger, manchmal erst mit Mitte 40.

Und genauso wenig ist es eine Selbstverständlichkeit, dass es immer die Frauen sind, die in Elternzeit gehen, oder dass sie weniger engagiert weiterarbeiten als zuvor. Laut Bericht des Statistischen Bundesamtes für das Geburtsjahr 2013 — eine aktuellere Jahresauswertung lag während der Entstehungsphase des Ratgebers nicht vor — tritt inzwischen jeder dritte Vater eine Babypause an. Mit 2,9 Monaten ist sie zwar vergleichsweise kurz, doch Familienministerin Manuela Schwesig arbeitet mithilfe der reformierten Elterngeldregelung daran, Vätern eine längere Elternzeit zu ermöglichen, indem sie vorübergehend Teilzeit arbeiten.

Inzwischen gibt es zahlreiche Studien, die belegen, dass Unternehmen mit einer großen Vielfalt unter den Mitarbeitern und insbesondere den Führungspositionen Vorteile haben. Die Unternehmensberatung McKinsey untersucht seit 2007 regelmäßig, welchen Einfluss Frauen im Management haben („Women matter"). 2015 stellten sie fest, dass Firmen mit einer 15-prozentigen Wahrscheinlichkeit finanziell besser abschneiden, wenn ihre Geschlechtervielfalt im oberen Viertel liegt. Bei Unternehmen, die im Hinblick auf ethnische Vielfalt am besten aufgestellt sind, steigt diese Wahrscheinlichkeit sogar auf 35 Prozent.

Und nicht nur Unternehmen profitieren, die gesamte Volkswirtschaft hat etwas davon, wenn das Erwerbstätigenpotential von Frauen genutzt wird. Alleine in Deutschland könnten weibliche Arbeitskräfte zusätzlich rund 200 Milliarden Euro zur Wertschöpfung beitragen, haben die Berater von der Boston Consulting Group errechnet (siehe Seite 36). Damit diese Zahl Realität wird, sind vier Dinge unerlässlich: eine höhere Quote von weiblichen Erwerbstätigen, eine höhere Wochenarbeitszeit von Frauen, mehr Frauen in produktiveren Branchen mit Fachkräftemangel sowie mehr Frauen, die ihrer Qualifizierung entsprechend eingesetzt werden.

Genauso wie Deutschland also progressive Arbeitgeber braucht, um Chancengleichheit für Frauen und Männer am Arbeitsplatz herzustellen und die Vorzüge von Diversität auszuleben, genauso sind engagierte Frauen nötig, die mit Kindern entsprechend ihrer Ausbildung am Arbeitsmarkt tätig sind und als Rollenmodell agieren. Immer wieder sind nämlich Geschichten zu hören, nach denen Frauen allmählich über ihre Familienplanung nachdenken, deshalb ihren Job kündigen und sich eine Stelle suchen, die vermeintlich besser mit Kindern zu vereinbaren ist. Das geschieht dann ohne Not und ohne die Erfahrung, dass die bisherige Stelle nicht familienkompatibel ist. Hat ihr der bisherige Job ohnehin nicht mehr gefallen, ist das nachvollziehbar. Warum aber kündigen Frauen ihren Traumjob und verbauen sich damit Entwicklungsmöglichkeiten?

„Ich kann die Sorgen der jungen Frauen verstehen", sagt Annette Bruce, eine Hamburger Working Mom und Unternehmerin mit einer kleinen, aber feinen und international tätigen Unternehmensberatung. Sie berichtet von einer Mitarbeiterin mit viel Potential, die schon vor Jahren bei ihr kündigte, weil sie Kinder haben wollte. Sie wechselte in einen Konzern auf eine halbwegs interessante Stelle, weil sie meinte, der stressige Job als Beraterin sei nicht mit Kindern vereinbar. Vier Jahre stellte sich jedoch kein Kindersegen ein und sie hat inzwischen wieder gewechselt, in der Hoffnung, dass die neue Aufgabe mehr Spaß macht – und trotzdem mit Kindern zu vereinbaren sei.

„Das ist so schade", sagt Bruce. „Sie hatte bei uns hervorragende Entwicklungschancen und hat diese aufgegeben, bevor es überhaupt ein Problem gab." Ganz abgesehen von dem Druck, den Frauen sich selbst machen, indem sie ihr Leben auf ein Baby ausrichten, ohne dass es überhaupt existiert. „Auf diese Weise werden Karrieren aktiv ausgebremst, aus Angst, mit Baby – sollte denn wirklich ein Wechsel nötig sein – keine neue Stelle mehr zu finden."

4. Runter von der Bremse: Karriere beim bestehenden Arbeitgeber

Denn selbstredend gibt es die Frauen, die auch mit kleinen Kindern Karriere machen, sogar im Vorstand von Dax-Konzernen: Janina Kugel, Autorin des Buchvorworts, hat es mit schulpflichtigen Zwillingen in den Vorstand der Siemens AG geschafft, die Frankfurter Working Mom Birgit Bohle ist Vorstandsvorsitzende der Fernverkehrstochter der Deutschen Bahn AG und Bettina Orlopp, ebenfalls Frankfurter Working Mom, ist die erste Frau im Vorstand der Commerzbank.

Auch Astrid Bohé — sie wurde im Kapitel „Spätes Mutterglück" bereits vorgestellt — ist eine von denjenigen, die es mit Kindern an die Spitze geschafft haben. Drei Wochen vor der Geburt ihres Sohnes wurde sie in die Geschäftsführung der Unternehmensberatung Accenture berufen. Das Timing hätte besser sein können, trotzdem wäre es ihr im Leben nicht eingefallen, die Beförderung auszuschlagen. „Ich hatte in meiner Schwangerschaft keinen Zweifel daran gelassen, dass ich Karriere machen will. Zu jeder sich bietenden Gelegenheit habe ich signalisiert: Ich will weder aufhören noch meine Ambitionen zurückschrauben."

Aus diesem Grund hat sie ihr Privatleben so organisiert, dass sie ihren Job auch mit Kind nicht vernachlässigen musste. Obwohl sie offiziell mit einer Drei-Tage-Stelle nach vier Monaten Auszeit wieder einstieg, zeigte sie sich sehr flexibel: „Ich habe es so eingerichtet, dass ich an allen wichtigen Meetings und Terminen teilnehmen kann. Die unwichtigen habe ich ignoriert." Dass sie anfangs Teilzeit arbeitete, hat sie außer engen Mitarbeitern und Kollegen niemandem gegenüber kommuniziert. „Wenn ich auf feste Zeiten und Tage beharrt und nicht flexibel reagiert hätte, wäre es sicher schwierig gewesen. Aber ich konnte meine Arbeitszeiten dank unserer Tagesmutter so legen, wie es erforderlich war."

Sukzessive hat sie ihre Arbeitszeit gesteigert, bis sie nach ein paar Jahren wieder bei einer Vollzeitstelle angekommen ist. Als Geschäftsführerin bei Accenture Digital verantwortet sie verschiedene Branchen und leitet innerhalb einer Matrix-Organisation mehrere globale Teams. Außer ihren direkten Kollegen und Mitarbeitern erzählt sie bei der Arbeit nichts über den alltäglichen Wahnsinn einer Working Mom. Besonders wichtig ist es ihr, nie private Themen vorzuschieben, um berufliche Dinge nicht tun zu müssen. Sätze wie „Puh, heute Morgen war es turbulent in der Kita.

Fast hätte ich es nicht rechtzeitig zum Meeting geschafft", sind ihr vor einer größeren Runde nie über die Lippen gekommen. Ohne Frage findet sie den Alltag manches Mal anstrengend, aber auch extrem bereichernd. Und wenn ihr Sohn ihr zwischendrin zu verstehen gibt, dass er sich mal wieder mehr Mama-Zeit wünscht, versucht sie im Job kürzer zu treten. So wie kürzlich, als er ihr erzählte, dass sie für die Nachmittagsbetreuung in seiner Schule Mitarbeiter suchen und der Sohn seiner Mutter mutig anbot: „Soll ich für dich vorfühlen, ob du da mitarbeiten kannst...?"

Dann reduziert sie ihre Reisetätigkeit im Job und ist stärker zu Hause präsent. Tatsächlich ist ihr Sohn inzwischen in einem Alter, in dem er stolz ist auf das, was seine Mutter macht. Insgeheim findet er es cool, dass seine Mutter Digitalprojekte verantwortet, während andere Eltern noch nicht mal Twitter oder Instagram kennen. Für die Wochenenden und die Ferien organisiert sie ohnehin viel Mutter-Sohn-Zeit, so wie vorigen Sommer, als sie zu zweit drei Wochen in den USA waren.

Heute, mit Ende 40, ist Astrid Bohé extrem dankbar, dass sie immer am Ball geblieben ist und dass sie weder im Job den Anschluss verloren noch auf ein Kind verzichtet hat. Kürzlich ist sie bei Accenture ausgeschieden. Bevor sie als Partnerin zu IBM wechselte, hat sie sich bewusst eine Pause gegönnt, um die Zeit mit ihrer Familie zu genießen. Die notwendige Ruhe und Gelassenheit hat sie inzwischen dafür.

> **TIPP** „Überlegt euch, wie ihr im Job gesehen werden wollt: Als Teilzeitkraft, die nur von 8 bis 14 Uhr zur Verfügung steht oder als engagierte Leistungsträgerin, die flexibel reagiert? So lange die Leistung stimmt, sind viele Arbeitszeitmodelle möglich."
>
> *Astrid Bohé, Partnerin IBM*

Susan Kock handhabt es ganz ähnlich: „I am a manager, not a mom", signalisiert sie im Büro. Mit dieser Haltung tritt sie allen Bezugspersonen im Jobumfeld gegenüber, egal ob Kunde, Personalmanager, Vorgesetzter oder Mitarbeiter. Dahinter steckt nicht etwa der Versuch, die Existenz ihrer drei Kinder zu verschweigen, sondern ihr Anspruch an ein professionelles Auftreten. Susan Kock ist überzeugt, dass beides zusammengehört: Arbeit und Familie. „Ich habe nie in Frage gestellt, dass ich Kinder haben könnte, nur weil ich arbeite", sagt sie. „Genauso wenig wäre ich auf die Idee gekommen, nicht arbeiten zu können, weil mein Mann und ich Kinder haben."

Seit 1999 arbeitet die 43-jährige Dänin für die deutsche Niederlassung des US-amerikanischen Pharmaherstellers Eli Lilly and Company. Ihr Profil bei Xing weist alleine acht Marketing- und Vertriebspositionen innerhalb dieser Zeit aus. Ihre drei Babypausen — keine länger als vier Monate — hat sie dafür genutzt, die Aufgabe im Unternehmen zu wechseln und eine neue Herausforderung anzunehmen. Nach ein paar Monaten arbeitete sie stets wieder Vollzeit. Die Betriebswirtin ist überzeugt davon, dass diese Flexibilität und die breite Erfahrung inzwischen zu einem Karrierevorteil für sie geworden sind. „Die letzten Jobs, die ich bekommen habe, waren Aufgaben, in denen es immer ungewöhnliche Herausforderungen gab und in denen Kreativität und Flexibilität gefordert waren", sagt sie.

In wechselnden Positionen hat sich Kock mit der Therapie verschiedener Krankheiten beschäftigt und sehr unterschiedliche Aufgabenstellungen gemeistert. Aktuell verantwortet sie das Marketing für ein dermatologisches Medikament. Das Team, das mit ihr zusammenarbeitet, besteht aus mehr als 20 Mitarbeitern, drei davon berichten direkt an sie.

Dass Karriere bei Lilly anders verstanden wird als bei manchem deutschen Traditionsunternehmen, zeigt der Weg der Marketingmanagerin. Mal gehörten mehr als 100 Vertriebsmitarbeiter zu ihrem Team, dann wechselte sie wieder auf eine Stelle mit kleinster Task Force und hoher Verantwortung. Gerade das ist es, was Susan Kock auch nach 17 Jahren für ihren Arbeitgeber begeistert: inhaltliche Herausforderungen, unabhängig von Hierarchien und Status.

> **TIPP** „Berufstätige Eltern brauchen einen zentralen Wohnort. Nicht der große Garten hinter dem Haus erleichtert unser Leben, sondern ein Standort, der kurze Wege für alle bedeutet. Insbesondere für unsere Kinder, damit sie sich früh selbständig bewegen können."
> *Susan Kock, Marketingmanagerin, Lilly Deutschland*

Für Susan Kock ist es ein Geben und Nehmen: Sie hat stets professionell die Rolle erfüllt, die man ihr übertrug: Geschäftsreisen gemacht, sich in neue Bereiche eingearbeitet und auch dann Präsenz gezeigt, wenn eines ihrer drei Kinder mal krank war. „Das muss eine Firma verlangen können: Dass sich eine Frau in verantwortlicher Position nicht wegen des Hustens ihres Kindes krank meldet." Sie beschäftigt eine Kinderfrau, die sich auch bei leichten Krankheiten um die kleinen Patienten kümmert.

Zugleich weiß sie aber auch, dass ihr Arbeitgeber Frauen fördert, damit diese dieselben Entwicklungschancen haben wie Männer. Um Frauen den Wiedereinstieg nach einer Babypause zu ermöglichen, bietet die Firma etwa maßgeschneiderte Verträge an. Der Frauenanteil in der Firma ist nach eigenen Angaben überdurchschnittlich hoch. Knapp die Hälfte der Mitglieder der Geschäftsführung ist weiblich und auch an der Spitze der Geschäftsführung steht eine Frau.

Bei aller Abwechslung im Job hat die Mutter dreier Kinder dafür auf der anderen Seite Beständigkeit: Seit vielen Jahren hat die Familie Kock dieselbe Kinderfrau. Das sei ihr extrem wichtig, betont die Pharmamanagerin, sie würde nie an der Kinderbetreuung sparen. Inzwischen verdiene sie gut und gemeinsam mit ihrem Mann könne sie es sich leisten. Doch selbst als das Gehalt der Angestellten die Familienkasse noch arg strapazierte, war den Eltern die Betreuung durch die liebevolle, treue und verlässliche Kinderfrau jeden Euro wert.

Moderner Segen: Home Office und flexible Arbeitsmodelle

Andrea Jochum fährt hingegen ein anderes Modell: Seit zweieinhalb Jahren ist sie Mutter von Zwillingen, die in einer städtischen Kindertagesstätte betreut werden. Nach einer Elternzeit von sechs Monaten — ihr Mann hat parallel ebenfalls sechs Monate genommen — ist sie Vollzeit in ihren Job bei der Talent- und Karriereberatung von Rundstedt zurückgekehrt. Bis sie nach einer Weile merkte, dass ihr Leben so zu anstrengend wurde und sie nur noch im Laufschritt unterwegs war. Wenn sie nach ihrem Arbeitstag in Düsseldorf zurück zu ihrem Wohnort Langenfeld fuhr, mussten sie oder ihr Mann im Schweinsgalopp einkaufen, die Kinder abholen und Abendessen vorbereiten. Deshalb entschieden sie, ihre Arbeitszeit beide auf 35 Stunden zu reduzieren. „Klingt wenig", sagt Jochum, „hat uns aber den nötigen Puffer verschafft, damit nicht jeder Stau oder jede Bahnverspätung zur Katastrophe wurde."

Ihre Tage teilt sie flexibel ein: Drei Tage arbeitet sie von neun bis 16 Uhr, einen Tag „bis in die Puppen", weil die Großeltern die Kinder abholen, und den fünften von zu Hause aus. Die große Erleichterung hat dann auch gar nicht so sehr die Arbeitszeitreduzierung gebracht, sondern viel eher die flexible Zeit- und Ortswahl. Interessanterweise hat ihr der Schritt in die Teilzeit keinerlei negative Auswirkungen gebracht — im Gegenteil: Als Andrea Jochum im Gespräch mit ihrer Chefin Sophia von Rundstedt, der Geschäftsführenden Gesellschafterin des Unternehmens und ebenfalls ein

Mitglied der Working Moms in Frankfurt, um dieses Entgegenkommen bat, bekam sie schnell grünes Licht. Und wurde zugleich befördert.

Das kam so: Die Geisteswissenschaftlerin arbeitete bis dato in einer Expertenrolle im Marketing. Weil der Bereich direkt an die Geschäftsführung berichtete, fehlte in den Augen von Andrea Jochum eine Hierarchieebene, um als Abteilung schneller handlungsfähig und beispielsweise auf Markterfordernisse kurzfristiger reagieren zu können. Diesen Sachverhalt schilderte sie ihrer Chefin – und brachte zugleich sich selbst als Führungskraft ins Spiel. Und so abwegig war der Vorschlag wohl nicht: Jochum war bereits Mitglied des Potentials-Förderprogramms des Unternehmens. Heute ist sie auch verantwortliche Managerin der Unternehmenskommunikation.

Ein Novum ist es bei von Rundstedt allerdings nicht, dass Führungskräfte flexible Arbeitszeitmodelle haben oder von zu Hause aus arbeiten. Sophia von Rundstedt selbst propagiert die sogenannte Mosaik-Karriere und wirbt für ein neues Karriereverständnis: Erfolgreiche Laufbahnen entwickeln sich ihrer Meinung nach nicht mehr linear – eine Leiter hoch –, sondern gleichen zunehmend einem Mosaik aus Fach-, Führungs- und Projekteinsätzen. Damit kommt Karriere stärker den Lebensphasen und Talenten der Mitarbeiter entgegen. Bei von Rundstedt hat man sich dementsprechend schon von der Präsenzkultur verabschiedet: Der Finanzchef des Unternehmens arbeitet beispielsweise 32 Stunden pro Woche, ein regionaler Beratungsleiter ist an vier Tagen pro Woche für das Unternehmen tätig. Am fünften Tag verfolgt er seine Selbständigkeit.

> **TIPP** „Der Schlüssel zu flexiblen Arbeitsmodellen ist eine fehlende Präsenzkultur. Wenn keiner darauf achtet, wer wann wo anwesend ist, gerät die eigentliche Leistung in den Vordergrund und auf einmal ist vieles möglich."
>
> *Andrea Jochum, Manager Corporate Communications*

Dass flexible Arbeitsmodelle ein Instrument für Führungskräfte sein könnten, diese Erkenntnis setzt sich allerdings erst langsam in deutschen Unternehmen durch. Nach Untersuchungen des Diversity-Beratungsinstituts EAF Berlin nutzen zwar 71 Prozent von knapp 800 befragten Führungskräften flexible Arbeitszeiten beziehungsweise Vertrauensarbeitszeit. Jedoch macht nur gut jeder dritte Manager (36 Prozent) von der Möglichkeit Gebrauch, Telearbeit zu praktizieren, sprich von zu Hause oder einem anderen Ort aus zu arbeiten.

Alles doppelt so schwierig?
Arbeiten in einer Männerdomäne

Hört man Anett Tillmann zu, bekommt man den Eindruck, dass das Arbeiten allein unter Männern durchaus Vorteile haben kann. Die promovierte Medizinerin ist Radiologin am Bundeswehrkrankenhaus in Berlin. Als sie 1993 ihre Laufbahn als Truppenärztin bei einem Instandsetzungsbataillon in Leipzig startete, war sie weit und breit die einzige Frau. Allenfalls in der Verwaltung arbeiteten Sekretärinnen. Doch sie genoss die Zeit außerordentlich: So kurz nach der Wiedervereinigung kamen die Soldaten aus ganz Deutschland, der Zusammenhalt in der Truppe war groß. Gleichzeitig hatte Anett Tillmann einen Chef, der sie als Quereinsteigerin sehr unterstützte und sie ermutigte, Karriere zu machen. In seiner Beurteilung gab er die Empfehlung ab, die junge Frau zur Bataillonskommandeurin aufzubauen, was zu damaliger Zeit äußerst ungewöhnlich war.

Als sie nach Abschluss ihrer Ausbildung nach zweieinhalb Jahren ins Bundeswehrkrankenhaus Leipzig wechselte, musste sie sich ihre Förderer erst suchen. Kurz nach ihrem Einstand ging es darum, einen Repräsentanten zu einem offiziellen Termin in der Staatskanzlei in Dresden zu schicken. Die Wahl fiel auf die Ärztin, obwohl sie erst so kurz dabei war. „Es war mein Glück, dass ich neu war und auffiel", sagt sie im Rückblick. Weiblich, attraktiv, dunkelhäutig – solche Erscheinungen sind noch heute vergleichsweise selten bei der Bundeswehr. „Zu dem Aussehen müssen natürlich Leistung und Kompetenz hinzukommen, sonst fehlt einem das Standing", betont Tillmann. Damals jedenfalls durfte sie den Ministerpräsidenten in Dresden treffen – und ihr unmittelbarer Chef tobte. Der fand es unangebracht, dass ein Neuling wie sie derart belohnt wurde.

Es brauchte eine Weile, bis Tillmann ihren Vorgesetzten von ihrem Leistungswillen, ihrem Können und Wissen überzeugen konnte – aber es gelang ihr, ihn für sich zu gewinnen. Auch zwischen ihr und den Kollegen des Krankenhauses war die Stimmung gut. „Charmant, energisch, humorvoll und intelligent" bezeichnet Tillmann ihr Auftreten im Job. Ursprünglich war die Bundeswehr nicht ihr Wunscharbeitgeber. In der DDR aufgewachsen, hatte sie zur Wendezeit in Leipzig studiert. Als sie Anfang der 1990er Jahre nach der Wiedervereinigung fertig war, gab es noch keine privaten Kliniken in den sogenannten Neuen Bundesländern. Die städtischen Krankenhäuser hingegen hatten aufgrund der Stasi-Überprüfung des Personals Einstellungsstopp. Die Bundeswehr sah die Medizinerin damals als einzige Möglichkeit, in Ostdeutschland zu bleiben.

„Bis heute habe ich die Entscheidung keinen Tag bereut." Denn längst hat die Berufssoldatin Karriere gemacht: Seit neun Jahren ist sie Oberärztin, seit vorigem Jahr leitende Oberärztin. Aktuell sattelt Tillmann ein MBA-Studium in „Health Care Management" drauf, in knapp fünf Jahren besteht die Chance, dass sie ihren Chef beerbt und zum Oberstarzt befördert wird. Davon gibt es noch immer sehr wenige weibliche in der Bundeswehr.

TIPP „Frauen zweifeln oft zu sehr, ob sie etwas können. Dabei ist es so wichtig, sich zur richtigen Zeit zu positionieren: ‚Ja' sagen, wenn man gefragt wird, eine nächste Stufe zu erklimmen."

Dr. Anett Tillmann, Leitende Oberärztin, Bundeswehrkrankenhaus Berlin

---

Denn die Bundeswehr öffnet sich zwar — aber nur langsam: Seit 1975 sind überhaupt erst Soldatinnen im Sanitätsdienst zugelassen, 1990 gestand das Bundeskabinett den Soldaten erstmals Erziehungsurlaub zu und seit 2001 stehen Frauen sämtliche Laufbahnen der Bundeswehr offen. Jeder zehnte Soldat ist heute weiblich, im Sanitätsdienst liegt der Frauenanteil bei rund 40 Prozent. Unter der ersten Verteidigungsministerin Deutschlands, Ursula von der Leyen, wurde das Ziel formuliert, den Anteil der Soldatinnen zu verdoppeln und im Sanitätsdienst mehr Frauen in Führungspositionen zu bringen.

In Riesenschritten geht das allerdings nicht voran, wie ein offizielles Papier aus dem Sommer 2015 erahnen lässt: Es sind bundesweit sechs weibliche Sanitätsoffiziere in Oberarztfunktion zu identifizieren, die das Potential für die Position einer Abteilungsleiterin in einem Bundeswehrkrankenhaus besitzen, heißt es darin.

Eine von diesen sechs ist Anett Tillmann.

„Früher witzelte ich immer: Ich erfülle jede Quote: Ossi, Frau und schwarze Minderheit", erinnert sich die Ärztin. „Heute gelte ich als Vorzeigefrau ohne das Etikett der Quotenfrau, da ich schon lange vor der politisch ausgerufenen Förderung gefördert wurde." Dafür hat sie allerdings lange Zeit das Kinderkriegen hinausgezögert. Im Alter von 40 Jahren brachte sie ihre erste und einzige Tochter auf die Welt. Als Berufssoldatin muss sie nämlich nicht nur den gewöhnlichen Dienst oder Geschäftsreisen mit Kindern in Einklang bringen. Bundeswehrärztinnen wie Anett Tillmann sind verpflichtet, regelmäßig Auslandseinsätze zu absolvieren und sich damit auch in Kriegs- oder Krisengebiete zu begeben.

Vor der Geburt war Tillmann für längere Zeit in Bosnien und zweimal im Kosovo, danach dreimal jeweils vier Wochen in Afghanistan. Eigentlich steht ein solcher Einsatz für Radiologen der Berliner Klinik alle zwei Jahre an. Tillmann ist es gelungen, fünf Jahre zu pausieren. „Als Lisa noch so klein war, bin ich mit meinem Chef übereingekommen, mich für die Auslandseinsätze später zu berücksichtigen. Dabei hatte ich seine Unterstützung." Man kann sich halbwegs vorstellen, wie die sportliche Frau das auf ihre charmant-energische Art gemacht hat. Auch im normalen Dienst im Berliner Krankenhaus konnte sie durchsetzen, dass sie als inzwischen Alleinerziehende nicht für den Spätdienst eingeteilt wird. „Vielleicht ist es ungerecht, wenn ich meine Bedingungen durchsetze und damit Sonderrechte erhalte. Aber wenn es um Dinge geht, die einem wichtig sind, darf man nicht weich sein."

„Meine Mutter, die Ärztin": Lisa aus Berlin, zehn Jahre

Als sie 2011 zum ersten Mal wieder ins Ausland musste, war ihre Tochter fünf. „Vier Wochen Afghanistan, das war eine große emotionale Belastung für mich", sagt sie im Rückblick. Ständig dachte sie an ihr Mädchen: Geht es ihr gut, vermisst sie mich, was macht sie jetzt? Es war ein Kollege, der sie irgendwann von diesem Kopfkino befreite: „Deinem Kind geht es gut. Es ist gesund, hat ein Dach über dem Kopf, bekommt zu essen und wird geliebt. Hey, du vernachlässigst es nicht, es ist bei seinem Vater."

Tillmanns Ex-Mann ist ein auslandserfahrener Soldat, der inzwischen im Ministerium arbeitet — und somit zurzeit keine Auslandseinsätze mehr macht. Wenn Anett Tillmann länger weg ist, betreut er die gemeinsame Tochter — genauso wie regelmäßig am Wochenende. Je älter das Mädchen wird, desto leichter fallen der Mutter hoffentlich diese Einsätze, sagt sie. Jedenfalls sind sie in ihren Augen kein Grund, auf eine Familie zu verzichten. „Meinen jüngeren Kolleginnen gebe ich das ständig mit auf den Weg: ‚Vergesst über die Karriere das Kinderkriegen nicht.'"

TIPP „Nachdem meine zweite Tochter geboren war, habe ich meinem Chef gegenüber erwähnt, dass die Phase der Familiengründung abgeschlossen ist. Ich glaube schon, dass eine solche Tatsache die Personalplanung beeinflusst."

Mareile Kaestner, Projektleiterin Bauma, Messe München

Ortswechsel — Branchenwechsel: Julia Leichnitz arbeitet ebenfalls in einer Männerdomäne, allerdings in der Privatwirtschaft. Die promovierte Maschinenbau-Ingenieurin ist beim Gabelstapler-Hersteller Jungheinrich in Hamburg tätig. Damit gehört sie zu der Minderheit, die Politik, Hochschulen und Wirtschaft so dringend vergrößern möchten: Frauen im MINT-Bereich, also Absolventinnen der Studiengänge Mathematik, Informatik, Naturwissenschaften und Technik.

Laut Statistischem Bundesamt ist der Frauenanteil zuletzt zwar stetig gestiegen, allerdings ist noch viel Luft nach oben: Während sich im Jahr 2000 gut 21 Prozent aller Studienanfängerinnen für ein MINT-Fach einschrieben, lag der Wert im Jahr 2014 bei knapp 26 Prozent. Zum Vergleich: Bei den Männern schrieb sich gut jeder Zweite für ein ingenieurwissenschaftliches, mathematisches oder naturwissenschaftliches Studium ein. Auch hierin liegt nach Meinung von Experten ein Grund, warum Frauen durchschnittlich weniger verdienen als Männer: Sie sind häufiger im Dienstleistungsbereich tätig und seltener im produzierenden, wertschöpfenden Sektor.

Julia Leichnitz ist seit sieben Jahren bei Jungheinrich — zwei Jahre nach der Geburt ihrer Tochter stieg sie ein: Anfangs mit einer halben Stelle als Management-Trainee im technischen Bereich, dann als Entwicklungsingenieurin und heute im Bereich Patente und Methoden. Dass sie fast nur von Männern umgeben ist, kennt sie gar nicht anders. Auch im Studium war es schließlich so. Deshalb hat sie sich früh einige Verhaltensmuster angewöhnt, die sich bewährt haben.

TIPP „1. Steht Eure Frau! In männerdominierten Bereichen habe ich mir Respekt erarbeitet, indem ich mit anpacke und meine ‚Andersartigkeit', mein Frausein, nicht hervorhebe.

2. Professionalität geht vor. Kinder- und Familienthemen erwähne ich nur in ausgewählten Kreisen.

3. Wenn ich im Home Office arbeite, hänge ich es nicht an die große Glocke.

4. In Personal- und Bewerbungsgesprächen verheimliche ich mein Kind nicht. Es wird als Qualität gewertet, dass ich mein Leistungsvermögen realistisch einschätze."

Dr. Julia Leichnitz, Ingenieurin, Jungheinrich

Christina Weiler-Normann wird noch grundsätzlicher: „Ihr braucht einen Job, der euch wirklich Spaß macht." Die Hamburgerin ist Oberärztin am Universitätsklinikum Hamburg-Eppendorf und als Immunologin in der wissenschaftlichen Arbeit sehr aktiv. Neben ihrem gewöhnlichen Dienst im Krankenhaus leitet sie verschiedene Drittmittelprojekte – so nennt man in der Wissenschaft Forschungsvorhaben, die von der Privatwirtschaft oder anderen Einrichtungen finanziert werden. Selbstredend gibt es am Krankenhaus in Hamburg einen hohen Frauenanteil unter den Beschäftigten, doch gerade in der Forschung dominieren die männlichen Kollegen.

Und so erlebt die Mutter zweier Kinder es immer wieder, dass sie Unverständnis und Kritik erntet. „Sag mal, warum machst du dir den Stress? Dein Mann verdient doch genug", ist einer der Sprüche, die ihr regelmäßig begegnen, die aber womöglich gar nicht boshaft gemeint sind. Allergisch reagiert Christina Weiler-Normann hingegen, wenn Kollegen eine Rundmail verfassen und es darin heißt: Liebe Tina, liebe Kollegen… „Dann schreibe ich zurück und mache deutlich, dass ich mich auch als Kollegin verstehe."

Positiv überrascht war die Medizinerin hingegen, als sie ihrem Chef von ihrer Schwangerschaft berichtete. Sie hatte Muffensausen, sagt sie, weil sie nicht einschätzen konnte, wie er reagieren würde. Seine Antwort hat sie sehr beruhigt: „Ach wie toll! Frauen mit Kindern werden so schön entspannt…"

Dennoch hat sie sich inzwischen ein dickes Fell zugelegt und ignoriert unbedachte oder unfaire Kommentare ihrer Kollegen. Was sie stärkt, ist der Austausch mit Gleichgesinnten. Neben den Frauen aus dem Working-

Moms-Netzwerk trifft sie regelmäßig Mitglieder einer Mentoring-Gruppe in der Klinik. Erfahrungen auszutauschen und Tipps zu bekommen, wie man sich als einzige Mutter unter vielen Männern bewegt, findet sie extrem hilfreich.

Genauso helfen ihr aber auch ihre Kinder, die Erfahrungen im Job einzuordnen und auf dem Boden der Tatsachen zu bleiben. „Mit Kindern zu lachen, ist ein gutes Mittel, um Stress abzubauen", sagt sie. „Es ist das Beste überhaupt." Schmunzelnd erzählt sie eine Anekdote von ihrer Tochter, als diese etwa zweieinhalb Jahre alt war: Zusammen waren sie im Bad und das Mädchen steuerte auf die Toilette zu, als sie völlig zusammenhangslos sagte: „Mama, wenn ich groß bin, möchte ich auch einen so großen Po haben wie du. Dann kann ich nicht mehr ins Klo fallen."

TIPP „Damit ihr am Ball bleibt, braucht ihr einen Job, den ihr liebt und der euch wirklich Spaß macht."

Dr. Christina Weiler-Normann, Oberärztin, UKE Hamburg

Die Pendlerinnen: Job und Familie in zwei Städten

Eine engagierte Berufstätigkeit mit kleinen Kindern ist anstrengend – das wissen alle, die sich in der Situation befinden. Deswegen ist für die meisten berufstätigen Mütter und Väter das gemeinsame Frühstück oder das regelmäßige Abendessen heilig. Weil es ein gemeinsames Ritual ist – und weil es Zeit für Gespräche mit der gesamten Familie lässt. Manchmal ist aber auch das nicht möglich, weil ein Elternteil an einem anderen Ort übernachten muss. Weil Projekte an anderen Standorten angesiedelt sind und die tägliche Heimfahrt zu zeitaufwendig wäre. Oder weil der Arbeitgeber seiner Mitarbeiterin eine Beförderung in eine andere Stadt angeboten hat und sie diese nicht ausschlagen will. Was macht man dann? Lehnt man die Beförderung ab oder kündigt man?

Virginia Bastian hat nichts von beidem getan. Sie kennt die Pendelei zwischen Euskirchen, ihrem Arbeitsort, und ihrem Wohnort Frankfurt noch aus den Zeiten, als sie mit ihrem Mann eine Fernbeziehung führte. Rund 200 Kilometer liegen zwischen beiden Orten. Seit ihre gut zweijährige Tochter auf der Welt ist, hat sie noch immer denselben Job als Personalleiterin bei einer Nestlé-Tochter, allerdings zurzeit nur in Teilzeit. So kann sie ihre Anwesenheit in der Firma auf ein machbares Pensum begrenzen, aber trotzdem am Ball bleiben. „Ich übernachte im Schnitt einmal pro Woche in Euskirchen. Klar ist die Pendelei anstrengend, aber für eine gewisse Zeit möglich." Wenn sie weg ist, kümmern sich ihr Mann oder das Au-pair-Mädchen um das Kind.

Warum sucht sie sich nicht einen anderen Job im großen Nestlé-Konzern in Frankfurt? „Ich liebe meine Stelle, weil ich internationale Verantwortung habe. Außerdem habe ich die Aufgaben, die ich mir vorgenommen habe, noch nicht erledigt." Alle anderen Nestlé-Töchter sind national organisiert, Bastian hat bei der Heimtiersparte Purina hingegen eine internationale Rolle. Deshalb nimmt sie die Fahrten und den zusätzlichen Aufwand in Kauf — bis sich irgendwann eine andere Herausforderung bietet.

Für Fee Steinhoff ist es eine ganz ähnliche Situation — wenn sich auch nicht abzeichnet, dass sie zeitlich begrenzt ist. Die promovierte Wirtschaftswissenschaftlerin hatte nach ihrem Studium angefangen, in Berlin zu arbeiten. Irgendwann zog sie mit ihrem Mann ins Rheinland — und die Telekom AG, ihr Arbeitgeber, wollte die Innovationsmanagerin trotzdem weiterbeschäftigen. Die Abmachung lautete: Zwei Tage Berlin, die restliche Zeit im Home Office. Jeden Mittwoch steigt die Mutter dreier Kinder nun in den ersten Flieger von Düsseldorf nach Berlin. Nach der Arbeit checkt sie abends ins Hotel ein, jede Woche in dasselbe, und nimmt Donnerstag den 19 Uhr-Flieger zurück an den Rhein. Aus ihrer Warte sind das zwei intensive und hochgradig produktive Arbeitstage in Berlin, an denen unter anderem Teammeetings und andere Besprechungen stattfinden — ergänzt durch anderthalb Tage Home Office, in denen sie konzentriert Konzepte schreibt oder telefonisch mit Kollegen und Partnern verhandelt. „Das Arbeiten von unterschiedlichen Standorten aus funktioniert deshalb so unproblematisch, weil wir keine Präsenzkultur haben. Bei der Telekom AG hat jeder Termin in der Regel eine Telefoneinwahl, so dass es überhaupt nicht auffällt, dass ich mich vom Home Office einwähle."

Ganz andere Voraussetzungen gab es bei Uta Lecker-Schubert, die ihren Sohn schon während des Studiums bekam. Als dieser in der Pubertät steckte, heiratete die Personalmanagerin wieder — und zu Dritt wählten sie im Familienrat den Wohn- und Arbeitsort ihres Mannes zum Familienwohnort: Berlin. Unter der Woche lebten Mann und Sohn als Patchwork-Gespann gemeinsam in der Hauptstadt, sie selbst mietete sich ein Appartement in Düsseldorf und arbeitete als Regionalstellenleiterin der Deutschen Gesellschaft für Personalführung (DGFP). Ihr Sohn reizte das Leben in der Hauptstadt, zudem verstand er sich gut mit seinem Stiefvater. Ausgestattet mit einer Bahncard 100 reiste seine Mutter donnerstagabends nach Berlin und arbeitete freitags in der Berliner Repräsentanz ihrer Organisation oder von zu Hause.

Fast zwei Jahre lebten sie so, bis Uta Lecker-Schubert ein weiteres Mal schwanger wurde. Ihr Mann gab seine Stelle als Geschäftsführer in Berlin auf und zog nach Düsseldorf, um dort eine PR-Agentur zu gründen. Inzwischen ist die Familie nach Frankfurt umgezogen, weil die DGFP ihren Sitz gewechselt hat. Die Mutter von inzwischen drei Kindern ist dort als Netzwerk-Managerin tätig. Ihr Sohn ist in Düsseldorf geblieben – er macht dort im kommenden Jahr sein Abitur. Für Uta Lecker-Schubert hat sich ihre Mobilität ausgezahlt: Sie hat ihren Weg in der Organisation gemacht. Eine Bereitschaft zu reisen, muss sie ohnehin mitbringen: 70 Prozent ihrer Arbeitszeit ist sie unterwegs.

Die Auslands-Managerinnen: Mit Sack und Pack in die Ferne

Es ist das eine, zwischen zwei Städten innerhalb Deutschlands zu pendeln oder umzuziehen, etwas ganz anderes jedoch, das Land mit seiner Familie zu verlassen und in eine neue Kultur einzutauchen. Aletta von Massenbach hat es als Alleinerziehende zusammen mit ihrem Sohn gewagt. Die Fraport-Managerin war früher im Beteiligungsmanagement des Frankfurter Flughafenbetreibers tätig. Nach der Geburt ihres Sohnes wollte sie etwas ändern, weil der Job mit extrem viel Reisetätigkeit verbunden war: New York, Südostasien – die Juristin war ständig unterwegs, um Firmenzukäufe oder -abspaltungen auszuloten und zu verhandeln.

Deswegen schlug sie dem Fraport-Management vor: „Ich will eine Geschäftsführer-Position im Ausland." Einer ihrer Beweggründe war, dass ihr die Kinderbetreuung durch Ganztagskindergärten, -schulen und Kindermädchen außerhalb von Deutschland viel verlässlicher erschien als hierzulande. Ein entscheidender Punkt für sie als Alleinerziehende und Alleinverdienerin. Doch den Aspekt thematisierte sie überhaupt nicht gegenüber ihrem Arbeitgeber. Auch die Tatsache, dass es relativ wenige Frauen auf solchen Posten im Unternehmen gab, ignorierte sie. „Ich habe formuliert, wie ich es mir vorstellte", erzählt sie im Rückblick. Weil sie schon lange für die Firma arbeitet – seit 1996 –, hatte sie eine komfortable Verhandlungsposition.

„Ich habe Expertise und ein gewisses Standing – und nutzte es: Denn zwei Dinge kamen nicht in Frage: Dass mein Sohn schlecht betreut würde oder dass ich einen beruflichen Rückschritt mache, nur weil ich Mutter bin."

So kam es denn auch: Für drei Jahre übernahm sie die Geschäftsführung eines Fraport-Flughafens in Bulgarien, seit dem Herbst 2015 verantwortet sie den Standort in Antalya in der Türkei mit 420 Mitarbeitern, dem zweitgrößten Flughafen des Landes. Die Türkei gehört für Fraport zu den drei wichtigsten Standorten — gemessen am Gewinn des Unternehmens —, doch seit den verschiedenen Terroranschlägen Anfang 2016 in dem Land und aufgrund der Nähe zum Kriegsgebiet Syrien flaut das Geschäft ab. Keine einfache Aufgabe für Aletta von Massenbach.

Die Mitt-Vierzigerin reizt jedoch gerade die Herausforderung. Im Hinblick auf ihren Wiedereinstieg mit Kind machte sie damals genau das ihrem Chef klar: „Auf mich ist Verlass. Ich arbeite Vollzeit, ich stehe auch abends zur Verfügung — aber ich habe keine Lust auf langweilige Jobs." Und so setzt sie ihre internationale Karriere fort, wenn auch mit längerer Verweildauer an einzelnen Standorten. Für ihren Sohn ist es längst zur Normalität geworden, sich in einer fremden Kultur zu bewegen. In Bulgarien besuchte der 6-Jährige eine französische Kita, jetzt lernt er Englisch und Türkisch.

Aletta von Massenbach, selbst eine ehemalige Internatsschülerin, ist begeistert von den Ganztagsschulen, die sie im Ausland kennengelernt hat. „Was ich von deutschen Ganztagsschulen weiß, klingt ganz okay. Im Ausland sind die privaten Einrichtungen aber meistens richtig schön." Soll heißen: Lernen, Spielen und Erholen im richtigen Wechsel, als verlässliches Angebot mit integrierten Sport- oder Musikkursen. Studienergebnisse stützen die Einschätzung der Mutter: Demnach sind deutsche Kindergärten im europäischen Ausland besser als hierzulande. Das Eintrittsalter für Kinder ist niedriger, der Betreuungsschlüssel vorteilhafter und eine Kooperation oder gar Einbindung in eine deutsche Schule meist gegeben.

TIPP „Im Ausland empfinde ich die Organisation einer guten Kinderbetreuung einfacher: Das Angebot der Ganztagsschulen ist in großen Städten besser, zudem lernt mein Sohn früh andere Kulturen und Sprachen kennen."

Aletta von Massenbach, Managerin, Fraport

Unterstützung bekommt die Managerin von einer Kinderfrau, einer Peruanerin, die seit gut vier Jahren bei der Familie ist und von Bulgarien mit in die Türkei gezogen ist. Sie holt den Jungen beispielsweise nachmittags nach der Schule ab und hat ab dann volle Verantwortung, bis die Mutter des Jungen nach Hause kommt. „Sie ist längst ein Teil unserer Familie", sagt von Massenbach. Zurzeit lebt sogar die Freundin des Au-pairs mit im Haushalt. Doch auch die Working Mom kann ihren Arbeitstag hin und wieder flexibel gestalten und gelegentlich früher das Büro verlassen. „Ich könnte meinen Mitarbeitern oder Geschäftspartnern nie sagen: ‚Ich bin jetzt nicht erreichbar'. Das Telefon muss immer an sein. Aber als Chefin bin ich zeitlich flexibel."

„Mama fliegt": Carl-Alan aus München, elf Jahre

Ihr Sohn braucht wohl noch eine Weile, um voll zu verstehen, was seine Mutter eigentlich beruflich macht. Bislang, erzählt seine Mutter am Ende eines langen Telefonats schmunzelnd, ist ein Chef in seinen Augen noch immer ein Mann. „Als wir mal zusammen am Flughafen waren, zeigte er auf meinen Mitarbeiter. ‚Mama, da ist der Chef', sagte mein Sohn ganz aufgeregt. ‚Nein, mein Junge, das ist Mitko. Ich bin die Chefin.' Er schaute mich mit großen Augen an und schüttelte den Kopf: ‚Mama, das kann nicht sein. Du bist eine Frau'…"

Ironie der Geschichte: Seit diesem Juli ist seine Mutter sogar noch mehr Chefin als zuvor. Die Familie ist zurück nach Frankfurt gegangen, weil Aletta von Massenbach die Leitung für das gesamte Auslandsgeschäft der Fraport AG übernommen hat. „Die Entscheidung, das Jobangebot anzunehmen, ist mir allein wegen meines Sohnes schwer gefallen", sagt die Flughafen-Managerin. „Im Ausland war das tägliche Leben sehr unkompliziert." Allerdings war klar, dass die Tätigkeit in Antalya ohnehin befristet sein würde, deshalb wollte sie sich die „super interessante Herausforderung" nicht entgehen lassen. „Ich werde sicherlich auch in Deutschland positiv überrascht, dass ich Arbeit und Privat gut unter einen Hut bekommen kann."

SKANDINAVISCHE OASE: ALS EXPATRIATE IN OSLO

Wenn es um die Vereinbarkeit von Beruf und Familie geht, werden Länder wie Dänemark, Schweden und Norwegen als idealtypischer Ort beschrieben. Weil dort die meisten Arbeitnehmer nachmittags gegen 16 oder 17 Uhr ihr Büro verlassen, um ihre kleinen Kinder aus der Kita abzuholen oder den Nachmittag mit ihren Schulkindern zu verbringen. Das gilt für Sachbearbeiter, aber auch für Geschäftsführer. Ist die Arbeit für den Tag noch nicht getan, fahren die berufstätigen Eltern ihren Rechner wieder hoch, wenn die Kinder im Bett sind – und erledigen den Rest.

Arbeit gehört dort zum Leben dazu – nicht nur für Männer. Und Kinder gehören genauso selbstverständlich zum Leben dazu – nicht nur für Frauen. Managerinnen werden nicht sozial geächtet, weil sie mit kleinem Kind Vollzeit arbeiten. Und Männer beäugt man nicht kritisch, weil sie wegen ihres kranken Kindes nicht ins Büro kommen.

In einer solchen Umgebung arbeitet Frauke Grotjahn seit dem Sommer 2015 – von der Wirtschaftsingenieurin, die während ihrer Elternzeit wöchentlich mit ihrem Chef telefonierte, war schon im vorderen Teil des Ratgebers die Rede. Zuvor hatte sie diese Arbeitskultur aus der Ferne mitverfolgen können. Ihr alter Arbeitgeber fusionierte mit einem norwegischen Unternehmen, seitdem ist der skandinavische Einfluss bei der DNV GL-Gruppe – einer sogenannten Klassifizierungsgesellschaft – allgegenwärtig. Die 40-Jährige erinnert sich an einen Tag, als sie noch in Hamburg war und von zu Hause aus arbeiten musste, weil sie wegen eines Streiks der Kita-Belegschaft keine Betreuung für ihre zweijährige Tochter hatte. Die Kleine war mit ihr im Raum und Grotjahn versuchte, so gut es ging zu arbeiten. „Als ich kurz das Zimmer verließ, machte meine Tochter sich am Laptop zu schaffen. Sie hat es tatsächlich hinbekommen, eine Video-Konferenz mit zwei Kollegen in Norwegen zu starten. Die waren zwar überrascht, aber höchst erfreut und haben eifrig gewinkt, als ich zurück an meinen Schreibtisch kam."

Frauke Grotjahn und ihr Mann träumten schon länger davon, im Ausland zu arbeiten. Weil die neue Stelle der Working Mom in dem neuen Unternehmen in Oslo angesiedelt war, machte die Familie Nägel mit Köpfen: Sie zogen in die norwegische Hauptstadt. Ihr Mann arbeitete anfangs auf Projektbasis für seinen alten Arbeitgeber, lernte Norwegisch und unterstützte die Kinder dabei, in ihrer neuen Umgebung Fuß zu fassen. Dann war es aufgrund der wirtschaftlichen Krise in dem Land gar nicht so einfach für den Ingenieur, eine neue Stelle zu finden – aber trotzdem war es die richtige Entscheidung, sagt Frauke Grotjahn. Vater, Mutter, Sohn – fünf Jahre alt – und Tochter – drei Jahre alt – leben den Alltag einer norwegischen Familie. „Wir empfinden es als tolle Chance", sagt die Ingenieurin. „Das Leben ist hier viel entspannter." Fast alle Väter nehmen drei bis vier Monate Elternzeit und berufstätige Eltern hasten gegen 16 Uhr in die Kita. Spätestens um 18 Uhr machen alle Feierabend.

5. Eine Glaubensfrage: Vollzeit oder Teilzeit?

Hierzulande sieht das klassische Rollenmodell noch immer anders aus: Frauen mit Kindern arbeiten Teilzeit und schmeißen nebenher Haushalt und Kindererziehung — laut aktuellen Zahlen gilt dies für rund 70 Prozent aller berufstätigen Mütter. Gehen die Kinder in die Schule, sind es immer noch zwei von drei Frauen, die Teilzeit arbeiten. Väter hingegen reduzieren selten ihre Arbeitszeit. Gerademal sechs Prozent weist die Auswertung des Statistischen Bundesamts aus. Zwar steigt die Zahl erwerbstätiger Frauen seit Jahren generell, allerdings erfolgt der Zuwachs überwiegend bei reduzierter Stundenzahl.

Auch wenn dank der Einführung des Elterngeldes und des Ausbaus der staatlichen Kinderbetreuung mehr Mütter auf den Arbeitsmarkt zurückkommen, kann von einer Trendumkehr keine Rede sein: Frauen gehen ihrem Job heute im Schnitt sogar drei Stunden weniger nach als noch vor 20 Jahren, meldet das Bundesinstitut für Bevölkerungsforschung. Etliche Mütter wollen demzufolge zwar gerne mehr arbeiten, würden von ihren Arbeitgebern aber vor die Wahl gestellt werden: 20 oder 40 Stunden? „Die von Frauen gewünschten Arbeitszeiten zwischen 27 und 32 Stunden werden viel zu selten angeboten", schreiben die Studienautoren.

Sie weisen zugleich darauf hin, dass dauerhafte Teilzeit nicht nur negative Auswirkungen auf die Karrieregestaltung von Frauen hat, sondern auch zu dem viel zitierten „Gender Pay Gap" führt, dem geschlechtsspezifischen Lohnunterschied. Leben Vater und Mutter in einer Partnerschaft und werfen ihr Einkommen gemeinsam in einen Topf, mag die Schlechterstellung der Frau nicht sofort sichtbar werden. Trennt sich das Paar aber — und das passiert bei 35 Prozent aller in einem Jahr geschlossenen Ehen im Laufe der kommenden 25 Jahre —, ist die Teilzeit-Mutter als Rentnerin von der Armutsfalle bedroht. Im Vergleich mit dem europäischen Ausland wird auch deutlich: Teilzeit ist nicht gleich Teilzeit. Hierzulande arbeiten Frauen besonders kurz, oft unter 20 oder 15 Stunden.

DAS KLEINE TEILZEIT-EINMALEINS

► Mitarbeiter von Unternehmen mit mehr als 15 Beschäftigten haben einen Teilzeit-Anspruch — nach mindestens sechsmonatiger Beschäftigung.

> ► Anmeldung muss spätestens drei Monate vor Beginn der Verringerung vorliegen.
> ► Arbeitgeber kann Verlangen des Arbeitnehmers aus betrieblichen Gründen ablehnen.
> ► Zustimmung des Arbeitgebers gilt als erteilt, wenn dieser nicht spätestens einen Monat vor Beginn der gewünschten Verringerung schriftlich ablehnt.
> ► Für die Teilzeit während der Elternzeit gelten besondere Regeln: Mitteilung muss beispielsweise sieben Wochen vor Beginn der Tätigkeit vorliegen.
> ► Gezielte Karriereentwicklung für Teilzeitbeschäftigte ist längst nicht in allen Unternehmen Standard.
> ► Dasselbe gilt für Weiterbildungen.

Sind also 32 Stunden für alle die Lösung — ‚Vollzeit light' sozusagen? Die Sozialwissenschaftlerin Jutta Allmendinger fordert dies seit Jahren für Männer wie Frauen. Als Durchschnittswert über das gesamte Erwerbsleben, so dass Väter und Mütter die Möglichkeit haben, Familienarbeit und Privatleben mit ihrer Berufstätigkeit zu vereinbaren. Familienministerin Manuela Schwesig findet Gefallen an der Idee: Über das „Elterngeld Plus" (siehe Kapitel 2) belohnt sie alle Mütter und Väter mit einem Bonus, die gleichzeitig ihre Arbeitszeit reduzieren und sich die Betreuung ihres Kleinkindes partnerschaftlich teilen. Die maximale Bezugsdauer des Elterngeldes steigt dann von regulär 14 auf 28 Monate.

Alles super also — und Deutschland wandelt sich zu einem Land ohne Präsenzkultur und mit flexiblen Arbeitszeiten aller Orten? Wohl kaum: Arbeitgeber fremdeln mit solchen Ansätzen und wiederholen unermüdlich: „In Teilzeit kann niemand eine Firma führen."

Kann man aber in Teilzeit Karriere machen? Oder ist Teilzeit, wie so häufig zu hören ist, ein Karrierekiller?

Contra: Ist Teilzeit ein Karrierekiller?

„‚Killer' ist ein zu hartes Wort", sagt Isabel Hochgesand. „Und ich weiß auch nicht, ob das so zutrifft. Aber ich rate allen Frauen: Wenn ihr de facto Vollzeit arbeitet, dann lasst euch auch für eine Vollzeitstelle bezahlen." Hochgesand ist Logistik-Geschäftsführerin bei Procter & Gamble (P&G), sie hat als Mutter zweier Kinder immer Vollzeit gearbeitet. Der Konsumgüterhersteller ist fortschrittlicher als die meisten Unternehmen, der weltweite Frauenanteil in Führungspositionen liegt bei 43 Prozent. Und so kennt P&G viele Arbeitszeitmodelle, um den Bedürfnissen seiner Mitarbeiterinnen und Mitarbeiter entgegenzukommen. Allerdings gilt auch hier: Mit 15 Wochenarbeitsstunden macht niemand Karriere — vor allem nicht auf Dauer.

Daher arbeiten im Umfeld der Geschäftsführerin viele Frauen ‚vollzeitnah‘ — irgendetwas zwischen 75 und 90 Prozent steht in ihrem Vertrag. Viele setzen sich abends noch mal an den PC. Und schnell werden aus den vereinbarten 32 oder 35 Wochenarbeitsstunden 40 und sogar mehr. Denen rät die Geschäftsführerin: Wer ohnehin fast Vollzeit arbeitet, sollte sich auch eine volle Stelle bezahlen lassen. „Eine gewisse Flexibilität für die Familie ist immer möglich. Aber nur so erhaltet ihr die Vergütung, die ihr verdient.“

> **TIPP** „Nehmt euren Arbeitgeber genau unter die Lupe und seid wählerisch: Seid ihr im richtigen Unternehmen? Gibt es einen nennenswerten Anteil von Frauen in Führungspositionen?“
> *Isabel Hochgesand, Geschäftsführerin, Procter & Gamble Deutschland*

Die Betriebswirtin hat bei P&G Karriere gemacht. Seit einem Vierteljahrhundert arbeitet sie für den Konsumgüterhersteller. Vor ihrer Beförderung in die deutsche Geschäftsführung mit Sitz in Schwalbach war sie mit Mann und Kind in die USA gezogen und für eine Weile in der Konzernzentrale in Cincinnati tätig, wo sie den globalen Einkauf für die Marken Pampers, Always und Charmin verantwortete. In die dortige Kultur eingetaucht, fielen ihr große Unterschiede beim Umgang mit Schwangeren in Deutschland und den USA auf: „Sagt man in Deutschland, man kommt nach vier, fünf Monaten Elternzeit zurück in den Job, antworten die meisten Menschen ‚Ach, Gott, das arme Kind.‘ Erzählt man dasselbe in den USA, fallen die Rückmeldungen gänzlich anders aus: ‚Oh wow, gut, dass du dir so viel Zeit nimmst, toll.‘“

Keine Frage, in den USA wünscht sich so manche junge Mutter Schutz und Absicherung rund um die Schwangerschaft, die aber schlicht nicht existieren. Die Vereinigten Staaten von Amerika sind das einzige entwickelte Land ohne ein gesetzliches Recht auf bezahlten Mutterschutz und Elternzeit. Wenn die Frauen also so kurz nach der Geburt wieder am Arbeitsplatz erscheinen, hat das oftmals mit der wirtschaftlichen Notwendigkeit zu tun.

Dennoch: Hochgesand, inzwischen Mutter eines Sohnes und einer Tochter, möchte auf tief verankerte Rollenbilder hinweisen und sieht es als ihre Aufgabe an, ihren Mitarbeiterinnen und Mitarbeitern freundschaftlich auf den Zahn zu fühlen und ihr Rollenverständnis in Frage zu stellen. Ein freundschaftlich gemeintes Gespräch mit einer jungen Mutter verläuft dann etwa so:

Hochgesand: „Warum willst du Teilzeit arbeiten und nicht dein Mann?"

Mutter: „Ich möchte freitags gerne frei haben."

Hochgesand: „Warum willst du frei haben?"

Mutter: „Ich habe dann einen Tag mit meinem Kind. Außerdem kann ich die Hausarbeit erledigen."

Hochgesand: „Dass du Zeit für dein Kind haben möchtest, verstehe ich gut. Aber wenn du den Haushalt erledigst, hast du doch auch keine Zeit für dein Kind. Warum beschäftigst du keine Haushaltshilfe?"

Mutter: „Da gibt es dennoch einiges zu tun…"

Den Rest denken sich die Gesprächspartnerinnen dann. Vielleicht haben die Männer es zu Hause so kennengelernt, dass die Mutter die Hausarbeit erledigte und niemand Fremdes ins Haus kam? Umgekehrt hakt die Managerin bei ihren männlichen Führungskräften nach, wenn diese unreflektiert hinnehmen, dass eine Mitarbeiterin beispielsweise nur mit 20 Wochenstunden wiedereinsteigt. „Wenn ich dann höre, dass es nicht anders geht, weil das Kind noch klein ist und das Paar ein Haus baut, frage ich provokativ: ‚Aber der Mann arbeitet Vollzeit? Wo bleibt da die Kompromissfähigkeit?'"

Viele Führungskräfte bei Procter & Gamble durchlaufen mittlerweile ein sogenanntes ‚Unconscious Bias'-Training (zu deutsch: unbewusste Haltungen), bei dem sie sich mit ihren Bildern im Kopf und ihren unbewussten Rollenmodellen auseinandersetzen, um solche Gespräche hoffentlich irgendwann überflüssig zu machen, wie Hochgesand meint. Und ergänzt dann noch, weil sie keinen falschen Eindruck entstehen lassen will: „Ich befördere Frauen natürlich auch in Teilzeit. Wenn Mitarbeiterinnen Potential haben, machen wir ziemlich viel möglich. Mir geht es aber zuvor darum, unreflektierte Stereotype in Frage zu stellen."

Solche Arbeitgeber sind allerdings noch in der Minderheit. Viele traditionelle Unternehmen sind der Ansicht, dass sich Führungsfunktionen und Teilzeitbeschäftigung nicht miteinander vereinbaren lassen. Mareile Kaestner kennt diese Auffassung. Die Ingenieurin ist Projektleiterin der Münchener Baumaschinenmesse „Bauma", einem Riesenevent, das alle drei Jahre eine halbe Million Besucher an die Isar holt. Als sie 2007 ihre erste Tochter zur Welt brachte, kündigte sie an, nach einem halben Jahr in Vollzeit wiederzukommen — was ihr überwiegend negative Reaktionen von Kolleginnen und aus dem persönlichen Umfeld einbrachte. „Als das Baby da war, erkundigte sich sogar die Personalabteilung, ob ich gegebenenfalls meine Meinung geändert hatte", erzählt Kaestner: „Bleibt es dabei? Kommst Du wirklich wieder?"

Kaestner kam — und lieferte weiterhin gute Arbeit ab. „Ich musste sehr unter Beweis stellen, dass ich es schaffe", sagt sie im Rückblick. Tatsächlich wurde sie zwei Jahre nach ihrer Elternzeit von der Referentin zur stellvertretenden Projektleiterin befördert. Als 2011 ihre zweite Tochter geboren war, kam sie ebenfalls sechs Monate später Vollzeit zurück in den Job. 2014 wurde sie zur Projektleiterin der Bauma befördert — eine Position, die sie in Teilzeitanstellung sicher nie bekommen hätte. Nur wenige auf ihrer Hierarchiestufe arbeiten weniger als 40 Stunden; wenn doch, dann für kleinere Projekte.

Sicherlich findet Kaestner es manches Mal anstrengend, ihre Vollzeittätigkeit mit ihrem Privatleben in Einklang zu bringen. Insbesondere kurz bevor die Bauma tatsächlich stattfindet. Allerdings fühlt sich ihr Mann ebenfalls voll für die Familie verantwortlich, sagt Kaestner, und packt mit an. Ihre Kinder haben daher in den allermeisten Themen zwei gleichwertige Ansprechpartner zu Hause. Alles andere könne sie sich auch nicht vorstellen, sagt Kaestner: „Frauen, die Teilzeit arbeiten, sind doch immer automatisch die Hausfrau — und für alles zu Hause verantwortlich. Das wollte ich nie sein."

TIPP „Werdet selbstbewusster! Bewerbt euch auf eine Vollzeitstelle. Mit 80 Prozent schafft ihr jeden Job, der ausgeschrieben ist."

Isabel Hochgesand, Geschäftsführerin, Procter &Gamble

Es fällt auf, dass sich insbesondere männlich dominierte Branchen und Bereiche schwer damit tun, Teilzeitkarrieren zu unterstützen. Die Ingenieurberufe fallen darunter, aber auch Banking-Jobs sowie Berater und Anwälte. „Auf der Galeere" titelte im Jahr 2015 das Magazin Brandeins und beschrieb Großkanzleien als Ort, an dem archaische Regeln gelten und wo sich nur Menschen wohlfühlen, die mit ihrer Freizeit nichts anzufangen wissen.

Ina Steidl, Juristin und ehemalige Anwältin bei einer großen internationalen Anwaltskanzlei, bei der sie Finanzinvestoren bei Übernahmen und Verkäufen beriet, weiß das nur zu gut. Vor zehn Jahren stieg sie aus der zeitintensiven Tätigkeit aus — weil sie ihren Mandanten nicht länger 24 Stunden täglich zur Verfügung stehen wollte. Sie gründete mit einem Geschäftspartner ihr eigenes Unternehmen, eine spezialisierte Personalvermittlung. Seitdem bringt sie Anwälte mit Kanzleien und Unternehmen zusammen. Und tatsächlich gilt für ihre Klientel: Teilzeit ist ein absoluter Karriere-Killer. „Unter Juristen in den Top-Kanzleien in Deutschland gibt es ein sehr kleines Zeitfenster, um Karriere zu machen. Zwischen Ende 30 und Mitte 40 werden sie Partner — oder eben nicht." Daher heiße es: Gas geben, viele Stunden arbeiten und beim Mandanten in Rechnung stellen. Wer am meisten Umsatz macht, hat das Zeug zum Partner. Um die 40 haben aber viele Akademiker Kinder im Kleinkindalter.

Zwar gebe es auch 80-Prozent-Führungsjobs in Großkanzleien — allerdings mit begrenzter Perspektive. Partnerin bzw. Partner werde man so nicht, meint Steidl. Allen Bewerberinnen, mit denen die geschäftsführende Gesellschafterin von Schollmeyer & Steidl spricht, rät sie deshalb: „Macht es wie die Männer in der Branche: Lasst Euch Vollzeit bezahlen und geht selbstbewusst auch mal um 18 Uhr nach Hause." Was impliziert, dass Vollzeit in einer Kanzlei normalerweise Arbeitszeiten bis in die späten Abendstunden hinein bedeutet. Plus Wochenendarbeit. Allzu häufig bekommt Ina Steidl, selbst Mutter zweier Kleinkinder, mit, dass Partner sich abends beispielsweise zum Gucken eines Champions-League-Fußballspiels verabreden — und es gegenüber ihrer Kanzlei als Business-Development-Termin verkaufen.

Wie so häufig, sind es auch in der Anwaltsszene die großen Player, die an altbekannten Strukturen festhalten, und sich schwer damit tun, neue

Modelle auszuprobieren. Tatsächlich hängt es vom Tätigkeitsfeld ab, wie sehr persönliche Präsenz erforderlich ist. Wo aber sollte es Partnerinnen in Teilzeit geben — wenn nicht in den Reihen der Working Moms?

Pro: Führung in Teilzeit ist machbar!

„Mir wurde als erstem weiblichen Anwalt bei Hogan & Hartson in Deutschland eine Partnerschaft in Teilzeit angeboten", erzählt Annette Feißel. Es klingen Stolz und Genugtuung mit, wenn sie davon erzählt. Weltweit lag der Anteil weiblicher Partner bei der Kanzlei, die inzwischen unter Hogan Lovells firmiert, bei unter 20 Prozent, und Feißel war hierzulande Pionierin in Teilzeit. Zwar ,nur‘ auf Gehaltsbasis und nicht mit Firmenanteil ausgestattet, aber immerhin. Klar, fügt die Juristin hinzu, bedeute Teilzeit in Anwaltskanzleien etwas anderes als etwa im öffentlichen Dienst. Statt rund 60 Stunden fallen bei einer 80-Prozent-Stelle immer noch gut 40 Stunden an. Aber es ist eine Möglichkeit, an den spannenden Mandanten teilzuhaben sowie Familie und Job zu vereinbaren.

> TIPP „Wer Teilzeit arbeitet, sollte sich flexibel zeigen und einen freien Nachmittag auch mal verschieben können. Umgekehrt sollte man sich auch für die Familie die nötige Flexibilität nehmen."
>
> *Annette Feißel, Rechtsanwältin*

Inzwischen arbeitet die Mutter zweier Kinder in einer anderen Großkanzlei, aber die Spielregeln sind branchenweit dieselben: Kommen viel versprechende Anwältinnen in Teilzeit aus der Babypause zurück, werden sie gerne in interne Bereiche versetzt: Wissensmanagement oder die Compliance-Einheit sind typische Auffangbecken für sie. Einer der Gründe: Umsatzverantwortliche Partner wollen flexible und jederzeit verfügbare Anwälte für ihre Mandaten einsetzen. Mütter und Väter, die mittwochnachmittags zum Babyschwimmen wollen oder für Telefonkonferenzen abends um sieben nicht zur Verfügung stehen, bedeuten einen Nachteil im Wettbewerb um die besten Kunden und die interessanten Fälle.

Feißel rät deshalb auch ambitionierten Müttern: Wer einen interessanten Job machen möchte, sollte mindestens eine 70-prozentige Tätigkeit wählen. Und dann gegenüber dem Arbeitgeber Verlässlichkeit demonstrieren: Wer sein Stundenkontingent kurz nach dem Wiedereinstieg schon wieder variiert, hat schlechte Karten.

Die Anwältin ist mit ihrer 80-Prozent-Stelle gut gefahren — auch wenn es immer wieder Situationen gibt, in denen sie jonglieren muss. „Ich erinnere mich noch gut daran, dass ich eigentlich frei hatte und die Zeit mit meinem Kind verbrachte. Doch dann kam eine dringende Telefonkonferenz dazwischen. Also kaufte ich zwei Brezeln und schob zwei Stunden lang den Kinderwagen mit dem irgendwann eingeschlafenen Kind um den Block. Solche Situationen gleiche ich dann aber bei nächster Gelegenheit aus und hole den geplanten Kindernachmittag nach." Und wichtige private Termine trägt sie ohnehin in ihren Arbeitskalender, so dass die Zeiten gesperrt sind.

Nach der Geburt ihres zweiten Kindes hat die Juristin 2010 zusammen mit 19 anderen Partnern die Kanzlei Raue LLP in Berlin gegründet — und ist seitdem auch Equity-Partnerin, also Partnerin mit Kanzleianteilen. Annette Feißel hat ihren Einfluss genutzt: Mit ihr gibt es inzwischen vier Mütter auf derselben Hierarchieebene, die in Teilzeit in die Partnerschaft aufgenommen wurden. „Es geht also", sagt sie zufrieden — und weiß zugleich, dass es noch ein weiter Weg ist, bis solche Modelle Normalität sind.

> **TIPP** „Ich empfehle karriereinteressierten Müttern, über Projekte und Zusatzthemen im Unternehmen sichtbar zu werden. Auch wenn sie keinen unmittelbaren Karriereschritt bedeuten."
> *Anja Unglaub, Bereichsleiterin, Bosch*

Ganz anders sieht es in Konzernstrukturen aus — Szenenwechsel nach Gerlingen bei Stuttgart zu Bosch mit seinen 375.000 Mitarbeitern. Noch ist die Führung des Technologie- und Dienstleistungsunternehmens fest in Männerhand: Unter den zehn Geschäftsführern des Konzerns findet sich keine Frau. Aber es tut sich etwas: Aus der Überzeugung heraus, dass „Deutschland mehr Chefinnen braucht", wie Arbeitsdirektor Christoph Kübel bei einem Pressetermin sagte, engagiert sich das Unternehmen bei der Initiative „Chefsache", einem Netzwerk zur Förderung eines ausgewogenen Verhältnisses von Frauen und Männern in Führungspositionen, unter der Schirmherrschaft von Angela Merkel.

Anja Unglaub ist ein Beleg dafür, dass Bosch weibliche Führungskräfte will — und das sogar in Teilzeit. Die Betriebswirtin ist als Vice President in der zentralen IT verantwortlich für rund 400 Mitarbeiter weltweit. Inzwischen arbeitet sie wieder Vollzeit, sie ist nach ihrer Elternzeit als damals alleinerziehende Mutter einer kleinen Tochter aber mit ‚nur' 60 Prozent zurückgekommen. Die Aufgabe: ein Restrukturierungsprojekt, bei dem viele Mitarbeiter an etlichen Standorten involviert waren. Es half, dass die physische Präsenz in der Zentrale eine untergeordnete Rolle spielte, sagt Unglaub, so dass sie auch von zu Hause Anrufe und Mails erledigen konnte.

Offiziell hatte sie um 15 Uhr Feierabend, stockte aber nach einem halben Jahr auf 75 Prozent auf, weil sich die Arbeit immer weiter in den Nachmittag fraß. Selbst als Bereichsleiterin arbeitete sie anfangs noch 85 Prozent, weil sie ihre Tochter stets selbst zum Kindergarten brachte und auch wieder abholte. Selbst jetzt — in einer Vollzeitstelle — verlässt sie die Firma meist um 16.15 Uhr. Die Assistentinnen der Geschäftsführung wissen, dass sie nicht länger eingeplant werden kann und respektieren das.

Es ist eine Art skandinavisches Modell mitten in Schwaben. Den Rechner fährt Anja Unglaub abends wieder hoch, wenn ihre Tochter im Bett ist: „Die Zeit in der Firma verbringe ich in Meetings. E-Mails beantworte ich oft abends."

Jobsharing – ein Modell für die Zukunft?

Jobsharing ist seit den 1980er Jahren bekannt in Europa, allerdings kommt die Verbreitung nur langsam voran. Arbeitgeber, die sich darauf einlassen, einen Job mit einem Tandem zu besetzen, sind noch immer in der Minderheit: Laut Schätzungen nutzen zwischen 15 und 20 Prozent aller Unternehmen Jobsharing. Zudem galt es in der Vergangenheit eher als Modell für Fachkräfte, nicht aber für Führungspositionen.

Dabei eignet sich der Ansatz auch für qualifizierte Jobs. Gerade für Arbeitnehmerinnen, die ihre Stundenzahl reduzieren wollen, ist es eine Möglichkeit, einen anspruchsvollen Job zu machen und ihn zugleich im Team — nämlich zu zweit — zu meistern. Tandemploy, ein Berliner Start-up, das über eine Plattform Jobsharing-Kandidaten mit interessierten Arbeitgebern zusammenbringt, tut aktuell viel dafür, die Topsharing-Idee in den Köpfen von Personalmanagern zu verankern. Dahinter verbirgt sich Jobsharing auf Top-Niveau, sogar in der Geschäftsführung.

Virginia Bastian — sie wurde bereits als Pendlerin zwischen ihrem Job in Köln und ihrem Zuhause im Großraum Frankfurt vorgestellt — musste gar nicht mehr überzeugt werden. Die ‚Human Resources'-Direktorin bei der Nestlé-Tochter Purina Petcare war nach der Geburt ihrer Tochter auf der Suche nach einem neuen Arbeitsmodell: Sie wollte ihren Job nicht aufgeben, hatte aber auch keine Lust mehr auf die häufige Pendelei. Ihr damaliger Chef legte jedoch großen Wert auf Präsenz, deshalb suchte sie sich innerhalb des Nestlé-Konzerns eine Tandem-Partnerin. Mit ihr teilt sie sich die Personalleitung des Tiernahrungsherstellers seit dem Frühjahr 2015.

Es war das erste Jobsharing-Tandem auf Management-Ebene im Nestlé-Konzern. Somit war einiges an Überzeugungsarbeit nötig, bevor Bastian und ihre Kollegin starten konnten. „Wir gingen regelrecht auf Roadshow und begannen mit der obersten Hierarchieebene", erzählt die promovierte Wirtschaftspsychologin. So reiste das Duo vom Personalvorstand des Konzerns über die Geschäftsführung in Euskirchen und den europäischen HR-Chef bis zum Betriebsrat. Wenn sie es nicht anders organisieren konnte, hatte Bastian sogar ihre kleine Tochter dabei. „Mit Baby auf dem Schoss im Büro des Personalvorstands, das war schon eine merkwürdige Situation, aber es passte ja zum Thema", erinnert sich Virginia Bastian.

Die Entscheider im Nestlé-Konzern reagierten sehr unterschiedlich: Von Zustimmung über positive Neugierde bis zu Skepsis war vieles dabei. Als das Tandem vorschlug, das Projekt nach einem halben Jahr auf den Prüfstand zu stellen, um es gegebenenfalls anzupassen oder als gescheitert zu erklären, willigten schließlich auch die Skeptiker ein. Nach außen hin lief die Arbeit des Duos so reibungslos, dass nach sechs Monaten niemand auf die Idee kam, das Modell ernsthaft in Frage zu stellen. Inzwischen gilt das Tandem konzernintern sogar als ‚Best Practice'-Fall, von dem andere Divisionen lernen können. So startete beispielsweise ein weiteres Duo im Marketing einer anderen Nestlé-Gesellschaft. Selbst der Vorstand informiert sich über die Erfahrungen des neuen Arbeitsmodells.

Ein Selbstläufer ist Jobsharing aber keinesfalls, gibt Bastian selbstkritisch zu. Gerade zu Beginn ist der Abstimmungsbedarf hoch, so dass die reduzierte Arbeitszeit von 60 Prozent in ihrem Fall und 40 Prozent bei ihrer Co-Personalleiterin tatsächlich deutlich höher war. Beide sind sich des Modellcharakters und ihrer Verantwortung bewusst, um auch anderen Kolleginnen und Kollegen den Weg zum Jobsharing zu ebnen − vor allem weil es eine Möglichkeit ist, den gewünschten Job weitermachen zu können.

CHECKLISTE: SO GELINGT JOBSHARING

- ▸ Der Erfolg eines Tandems hängt von seiner Zusammensetzung ab. Sucht euch Partner auf Augenhöhe.
- ▸ Achtet darauf, dass die Chemie stimmt. Egal, ob es Lob oder Kritik gibt: Die Stelle wird von einem Tandem besetzt, nicht von zwei Einzelkämpfern.
- ▸ Werbt im Unternehmen für eure Idee: Durch Jobsharing erhält ein Arbeitgeber mehr Kompetenzen, zwei Blickwinkel, mehr Kreativität und Inspiration.
- ▸ Tretet als abgestimmte Einheit auf und kommuniziert konkrete Zuständigkeiten klar ans Team, an Kollegen und Vorgesetzte.
- ▸ Verabredet ergänzende Arbeitszeiten und kommuniziert gegenüber Kollegen und Kunden, wer wann erreichbar ist.
- ▸ Bringt jedoch eine gewisse Flexibilität mit. Nicht immer ist die strikte Aufteilung nach Arbeitstagen möglich.
- ▸ Plant einen gemeinsamen Arbeitstag/-nachmittag ein, um euch persönlich und mit dem Team austauschen zu können.
- ▸ Gibt es Unstimmigkeiten bei den Zuständigkeiten, regelt es hinter den Kulissen.
- ▸ Das erfordert, dass E-Mails und Telefonanrufe auch an freien Tagen gecheckt werden.
- ▸ Haltet euch fortlaufend gegenseitig informiert − neben einem Jour fixe auch über kurze Telefonate und Themenlisten.

Auch bei Fee Steinhoff ist die Idee zum Jobsharing aus dem Wunsch heraus entstanden, ihre Stelle als Teamleiterin bei den Telekom Innovation Laboratories nach der Geburt ihres dritten Kindes in Teilzeit zu behalten. Sie suchte sich innerhalb ihres Teams, mit dem sie das Thema 'User Driven Innovation' verantwortet, eine Vertretung für die zehnmonatige Elternzeit und machte diese hinterher zu ihrer Tandem-Partnerin. Dazu musste sie in doppelter Hinsicht Überzeugungsarbeit leisten: ihre künftige Kollegin für die Vorzüge einer Führungsposition begeistern und ihre Chefin davon überzeugen, dass sich das selbstredend auch auf das Gehalt der Kollegin auswirken muss.

Für Steinhoff, eine promovierte Betriebswirtin, gab es keine andere Lösung. Sie lebte mit ihrer Familie im Rheinland und statt sie zu verlieren, bot die Telekom AG ihr Bonn als Dienstsitz an. So strickte sie an ihrer Teilzeitlösung: zwei Tage Home Office und zwei Tage Berlin. Als männliche Kollegen im T-Lab deutlich machten, dass sie keine Fans des Tandemmodells waren, hielt sie dagegen: „Wir sind die Innovationseinheit des Telekomkonzerns. Wenn es bei uns nicht möglich ist, wo denn dann?" Noch heute, das merkt man ihr an, findet Steinhoff es absurd, dass es tatsächlich Vorbehalte gegeben hat. Deswegen hat sie damals auch selbstbewusst gekontert: „Seid doch froh, dass ich wiederkomme und einer anderen Frau einen Karriereschritt ermögliche."

TIPP „Wenn Unternehmen sich innovativ nennen, sollten sie auch bei der Gestaltung von Arbeit innovativ sein. Alles andere wäre unglaubwürdig!" *Dr. Fee Steinhoff, Innovationsmanagerin, Telekom Innovation Laboratories*

6. Jobwechsel mit Kindern:
Raus aus der Komfortzone

Für Karin Bernlochner war es Zeit zu gehen: Nach ihrem ersten Kind hatte sie als 28-Jährige den Berufseinstieg bei der Unternehmensberatung Deloitte geschafft. Ihr Job als Senior-Beraterin war bereichernd und spannend, sie lernte unglaublich viel, knüpfte ihr Netzwerk und profitierte von erfahrenen Kolleginnen und Kollegen – aber die Vollzeitstelle und das ständige Unterwegssein mit inzwischen zwei kleinen Kindern und einem Ehemann, der ebenfalls Berater ist, machten das Leben auch anstrengend. Zudem wollte sie Neues kennenlernen. Ihre Elternzeit hatte sie gerade genutzt, um einen Abschluss als „Master of Business Administration" (MBA) an der Privathochschule WHU in Vallendar zu machen. Nach ihrem Studium der Politik-, Wirtschafts- und Rechtswissenschaften wollte sie ihr betriebswirtschaftliches Fundament ausbauen.

Ihre Umtriebigkeit zahlte sich aus. Rocket Internet, der Berliner Inkubator der Samwer-Brüder, der Start-ups wie Zalando, Westwing oder Helpling hochzog, machte ihr für sein Coupon-Portal Cuponation ein Angebot: Sie sollte einen akquirierten Wettbewerber in die Firma mit Sitz in München integrieren. Anschließend winkte die Geschäftsleitung für den deutschen Markt. Die heute 33-Jährige willigte ein – und verließ ihren alten Arbeitgeber ein halbes Jahr nach dem Wiedereinstieg nach der Elternzeit.

Das neue Aufgabenfeld reizte sie sehr, zudem konnte sie flexible Arbeitszeiten aushandeln: Zwei Tage verließ sie das Büro spätestens um 16 Uhr, um ihre Kinder abholen zu können, am Freitag arbeitete sie stets im Home Office. „Meine Ausgangslage war komfortabel: Mir wurde ja der Job angeboten, deshalb habe ich meine Bedingungen gestellt." Und die Firma ließ sich darauf ein. Bald darauf wurde sogar allen zwölf Mitarbeitern ein Tag Home Office pro Woche zugestanden.

Dieses Selbstbewusstsein musste sich die Managerin stückweise erarbeiten. In der Unternehmensberatung habe sie keinen Tag wegen Krankheit ihrer Kinder gefehlt, erzählt sie. Wenn die Kleinen jetzt krank waren, sagte sie schlicht im Büro Bescheid, dass sie nicht kommen könne, aber erreichbar sei. Am Ende war das Arbeitsverhältnis zwischen der Münchnerin und dem Rocket-Internet-Start-up doch kein langfristiges. Man trennte sich wegen unterschiedlicher Vorstellungen.

Karin Bernlochner nutzte die Gelegenheit, noch stärker in die Start-up-Welt einzutauchen: Bei Werk1, einem vom bayerischen Wirtschaftsministerium geförderten Start-up-Inkubator in München, verantwortet sie Marketing, Öffentlichkeitsarbeit und Kooperationsprojekte zwischen etablierten Firmen und Newcomern. Nebenher arbeitet sie an einer eigenen Unternehmensidee: einem Kindermode-Label für Biobaumwoll-Shirts mit individualisierbaren Applikationen.

Andere Branche, andere Region: Inga Draeger hat lange darauf hingearbeitet, ihren Job und ihre Rolle zu wechseln. Geholfen hat ihr dabei ebenfalls ein MBA, den sie berufs- und sozusagen familienbegleitend machte. Die Geburt ihres heute Dreijährigen fiel in die Zeit, in der sie parallel die Schulbank an der HTW Berlin drückte, der Hochschule für Technik und Wirtschaft. Die studierte Kommunikationswissenschaftlerin wollte ihr Know-how im Pharma-Marketing vertiefen, denn das war ihr Ziel: die Pharmabranche. Nachdem sie bislang stets in Kommunikationsagenturen gearbeitet hatte, zuletzt in einer sogenannten Healthcare-Agentur, wollte sie raus aus der Beratung und dafür näher ran an die Inhalte der Branche. Gelungen ist ihr der Sprung Mitte 2015. Ihre Jobbezeichnung ist nicht selbsterklärend: „Managerin Biosimilars" beim Verband Pro Generika. „Der Titel klingt erst einmal etwas kryptisch", sagt sie lachend, „die Arbeit ist aber inhaltlich sehr spannend."

Pro Generika vertritt die Interessen von Pharmaherstellern, die nach Patentablauf Nachfolgemedikamente auf den Markt bringen. Biosimilars sind dabei die Nachfolgeprodukte von Arzneistoffen, die mit Mitteln der Biotechnologie und damit auch der Gentechnik hergestellt werden. Ein anspruchsvoller Bereich also, für den die Akteure eine große Zukunft sehen. Genau das gefällt Inga Draeger. Zudem war der Schritt von der Beratung in die Pharmabranche auch finanziell sinnvoll.

TIPP „Mir hilft es enorm, dass mein Mann und ich Karriereentscheidungen gemeinsam treffen. Mal ist der eine dran, einen Sprung zu machen, mal der andere. Klar, dass wir dann für den anderen zurückstecken."
Inga Draeger, Managerin, Pro Generika e.V.

Kürzlich hat Inga Draeger ihr zweites Kind bekommen und sich für eine vergleichsweise kurze Elternzeit entschieden. Nach drei Monaten kehrt sie halbtags in ihren Job zurück, nach zwei weiteren Monaten wird sie wieder Vollzeit arbeiten. Diesmal wird ihr Mann ein gutes Jahr Elternzeit nehmen.

„Wir hatten über meinen Jobwechsel damals gemeinsam entschieden. In dem Zusammenhang besprachen wir auch, dass mein Mann beim nächsten Kind die längere Elternzeit nehmen wird." Beim ersten Kind hatte Inga Draeger länger als er vom Job pausiert.

Angenehmer Nebeneffekt bei ihrem neuen Arbeitgeber: Die Arbeitszeiten sind familienfreundlicher als in der Agenturszene. „Fast alle, die hier arbeiten, haben Kinder und Familie. Sie wissen, dass es auch ein Leben außerhalb des Büros gibt", sagt sie und meint damit zugleich, dass es auf Dauer ungesund ist, sich regelmäßig die Nächte vor dem Rechner um die Ohren zu schlagen.

Dass sich dieses Bild von der Agenturszene ändert — dafür setzt sich Franziska von Lewinski ein. Sie war langjährige Vorsitzende der Geschäftsführung der Agenturgruppe Interone — und ist jetzt Digitalvorstand bei Fischer-Appelt in Hamburg. „Agenturen können es sich nicht mehr erlauben, familienunfreundliche Arbeitszeiten anzuordnen", sagt sie. „Gute Leute fordern eine gewisse Work-Life-Balance aktiv ein — und darauf sollten auch Agenturen sich einstellen. Alles andere wäre unzeitgemäß." Franziska von Lewinski hat ein ureigenes Interesse daran, die Rahmenbedingungen für Mütter und Väter zu verbessern: Sie ist Mutter zweier Mädchen. Gerade mal sieben Monate, nachdem sie im Herbst 2014 als Vorstand bei der Fischer-Appelt-Gruppe begann, brachte sie ihre zweite Tochter zur Welt. Keine einfache Situation für sie, gibt sie unumwunden zu.

Doch gerade weil ihr die Vereinbarkeit von Karriere und Beruf so am Herzen liegt, hat sie kurz nach der Geburt ihres Mädchens eine Kolumne im Online-Business-Magazin SAAL ZWEI veröffentlicht, wie es ist, im Vorstand schwanger zu sein. Darin schreibt sie unter anderem:

„Es war schon eine ungewöhnliche Situation, bei Fischer-Appelt einen Vorstandsposten anzutreten, mit dem Wissen, dass — wenn alles nach Plan verläuft — etwas Kleines unterwegs sein wird. Etwas Kleines, auf das mein Mann und ich lange gewartet haben. Was aber eigentlich gar nicht in die aktuelle berufliche Situation passt. Und wie erkläre ich meine Umstände wiederum dem Vorstandskollegium? Wie kommuniziere ich es meinen Mitarbeitern?

Der selbstgeschaffene Druck war eigentlich nur auszuhalten, weil ich vor der Unterzeichnung des Vorstandsvertrags Transparenz geschaffen habe darüber, dass bei mir die Familienplanung noch nicht abgeschlossen ist. Dass ich mir ein weiteres Kind wünsche. Als es dann wirklich so weit war, musste ich nichts ‚beichten' mit schlechtem Gewissen oder Reue. Entsprechend positiv fielen auch die Reaktionen von Vorstandskollegen und Mitarbeitern aus..."

Drei Monate pausierte sie – und stieg dann Vollzeit wieder ein. Ihr Mann und ihre Kinderfrau kümmerten sich tagsüber um das Baby. Klar, sagt die Digitalexpertin, könne sie ihren Tag flexibel planen und auch mal später zur Arbeit gehen oder früher nach Hause. Dennoch bleibt sie als Vorstand Ansprechpartnerin für Kunden und Mitarbeiter und muss zumindest durchgehende Erreichbarkeit sicherstellen. Aber sie hat immerhin für ihre Mitarbeiterinnen und Mitarbeiter Regelungen durchgesetzt, die ihnen das Leben leichter und die Vereinbarkeit von Beruf und Familie möglich machen: Flexible Arbeitszeiten – in der Agenturwelt lange ein Ding der Unmöglichkeit – wurden eingeführt und auch Teilzeitpositionen geschaffen. Sogar die Möglichkeit des Jobsharings existiert inzwischen.

TIPP „Ich habe bei den Verhandlungen über einen neuen Job nicht verschwiegen, dass wir uns ein zweites Kind wünschen. Daran habe ich gut getan. Denn als sich das Baby tatsächlich ankündigte, musste ich nichts mit schlechtem Gewissen gestehen."

Franziska von Lewinski, Vorstand, Fischer-Appelt

Noch ein bisschen anders aufgestellt ist Katrin Jenner: Sie ist die Hauptverdienerin in ihrer Familie und konzentriert sich komplett auf ihren Job. Ihr Mann hat einen 15-Stunden-Vertrag und kümmert sich hauptsächlich um die zwei gemeinsamen Töchter. Dementsprechend hat die Hamburgerin im Job freie Hand: Stehen Abendtermine oder späte Besprechungen an, kann sie diese wahrnehmen. Wird kurzfristig eine Geschäftsreise notwendig, reagiert sie spontan. Eine solche Flexibilität irritiert allerdings die meisten Menschen, hat sie festgestellt. Als sie nach acht Jahren bei dem Familienkonzern Tchibo – zuletzt als Marketingleiterin – eine neue Herausforderung suchte, überforderte ihre Situation auch Headhunter.

Sie war mit ihrer zweiten Tochter in Elternzeit und suchte eine verantwortungsvolle Vollzeitstelle. „Die meisten haben mir nicht abgenommen, dass ich auch tatsächlich flexibel und belastbar bin", erinnert Jenner sich. „Es wurden sehr viele Fragen gestellt. Besonders skurril wurde es, wenn Headhunter ihre Assistentinnen vorschickten und die am Telefon herumdrucksten, weil es ihnen eigentlich peinlich war, mich danach zu fragen, wie unsere Kinderbetreuung geplant sei…"

Katrin Jenner nervt das: Warum müssen alle Mütter in dieselbe Schublade gesteckt werden? Übrigens habe es solche Fragen von ihrem jetzigen Arbeitgeber nicht gegeben: Seit vier Jahren verantwortet sie das Marketing und den Vertrieb beim Cora Verlag, einem Verlagsauftritt von Harper Collins Publishers. Die Firma ist heute in US-amerikanischer Hand, zuvor in kanadischer. Jenner meint, die nordamerikanische Offenheit deutlich gespürt zu haben.

> **TIPP** „Je kleiner das Kind, desto größer die Bestürzung! – Liebe Personalentscheider: Steckt uns Mütter doch nicht immer in eine Schublade! Warum sind wir Rabenmütter, wenn wir unserem Mann die Betreuung überlassen? Oder einer Kinderfrau? Freut euch doch, dass wir Kinder bekommen.“
> *Katrin Jenner, Marketing- und Vertriebsdirektorin, Harper Collins Germany*

Karriere-Booster für Working Moms

Spätestens seit 2015 „Die Fleißlüge" von Brigitte Witzer auf den Markt kam, ist es schwarz auf weiß dokumentiert: Menschen werden nicht dafür befördert, dass sie fleißig sind. Auch Frauen nicht. Trotzdem, so schreibt die ehemalige Bertelsmann-Geschäftsführerin, machen Frauen die besten Studienabschlüsse, sammeln ein Diplom nach dem anderen ein und stoßen dennoch allzu häufig an die viel beschriebene „Gläserne Decke". Ihre Empfehlung an ambitionierte Frauen: Raus aus der Rolle der Prinzessin, rein in die Haltung einer Königin. Weil eine Königin mit jedem mindestens auf Augenhöhe ist und weil sie ihre Aufgaben mit Würde und Anspruch angeht – aber nicht mit Fleiß.

Was aber bedeutet das – heruntergebrochen auf den Business-Alltag, auf Verhandlungen und das Geschacher um Posten und Zuständigkeiten, auf Personal- und Entwicklungsgespräche?

Tipps einer Personalberaterin

„Frauen, tretet selbstbewusster auf", fordert Julia Böge sie auf. Sie ist Personalberaterin, Headhunter, bei Intersearch Executive Consultants. Nach zehn Jahren der Selbständigkeit als Interimsmanagerin, in denen sie sich vor jedem Projekt und vor jedem Auftrag aufs Neue anbieten und verkaufen musste, hat sie die Seiten gewechselt. Einst unterstützte sie Unternehmen als befristete Personalleiterin, seit fünf Jahren hilft sie ihnen bei der Suche nach Führungskräften.

> **TIPP** „Ich empfehle drei Verhaltensregeln im Umgang mit Headhuntern: Das Auftreten sollte authentisch, selbstbewusst und transparent sein."
> *Julia Böge, Personalberaterin, Intersearch Executive Consultants*

Drei Viertel ihrer Gespräche führt sie mit männlichen Kandidaten, ein Viertel mit Kandidatinnen. Sie kann nicht sagen, wie viele Einstellungs- und Auswahlinterviews sie schon geführt hat, aber es müssen mehr als 3.000 sein. Der Extrakt daraus?

„Frauen verkaufen sich suboptimal", sagt die Hamburgerin nüchtern. Geht es um das gewünschte Gehalt im neuen Job, sagen Frauen häufiger als Männer: ‚Das Geld ist mir nicht so wichtig.' Beispielsweise wenn es darum geht, den Einstieg in einen neuen Bereich zu finden oder gar einen neuen Beruf, wenn's sein muss auch mit Gehaltsabstrichen. „Das mag ja sein", stöhnt Julia Böge und wird dann etwas lauter. „Aber verkneift es euch bitte! Damit tut ihr euch keinen Gefallen." Ohnehin gebe es nicht so wahnsinnig viel Interpretationsspielraum. Faustregel für die Forderung beim Headhunter: Aktuelles Jahresgehalt plus zehn bis zwanzig Prozent, so lautet der übliche Gehaltsanstieg bei einem Wechsel.

Wie ist es mit den Kindern, Julia. Gehören die in den Lebenslauf?

Julia Böge: „Ja, unbedingt. Es würde mich sonst sehr irritieren, wenn das Gespräch darauf kommt. Denn komplett wird ja wohl niemand seine Kinder verschweigen wollen…"

Wie sollte man Headhuntern denn generell begegnen: Sind sie auf meiner Seite – oder eher von der gegnerischen Partei?

Julia Böge: „Mein Tipp: Sei authentisch! Versuch bitte nicht, Fakten zu schönen. Das fällt dir hinterher auf die Füße. Als Personalberaterin möchte ich das Gefühl haben, dass ich an dich als Person rankomme. Ich will niemanden, der eine Show abzieht."

Es gibt Kolleginnen und Kollegen von dir, die provozieren gerne. Welchen Umgang rätst du dann?

Julia Böge: „Dasselbe wie am Anfang. Tretet selbstbewusst auf. Fragt der Kollege beispielsweise nach dem Elternhaus, danach, wie die Eltern leben oder welchen Umgang sie haben: Brecht das Thema ab, weist darauf hin, dass solche Fragen für den Job nicht relevant sind und lenkt das Gespräch auf etwas anderes.

Darauf achten Chefinnen

Astrid Bohé, keine Personalberaterin, dafür als ehemalige Geschäftsführerin von Accenture und heute als Partnerin bei IBM Personalentscheiderin, möchte jungen Müttern, die das Unternehmen gar nicht verlassen, sondern intern aufsteigen wollen, vier Regeln mit auf den Weg geben, wie sie ihre Position im Unternehmen verbessern können:

1. Sach- und leistungsbezogen argumentieren!

2. Wenn Ihr eure Position verbessern wollt, stellt dar, wie ihr eure Ziele erreicht habt und nennt Beispiele.

3. Führt eine Art Erfolgstagebuch: Details geraten so schnell in Vergessenheit, aber es hilft immer, anhand von Beispielen belegen zu können, wie man Werte und Erfolge schafft.

4. Wenn die männlichen Kollegen Statussymbole bekommen, beharrt ebenfalls darauf. Egal ob sie euch wichtig sind oder nicht. Es ist nicht klug, darauf zu verzichten, weil es nach außen so wirken könnte, als hättet ihr einen niedrigeren Status.

Ratschläge einer Anwalts-Headhunterin

Ina, du warst lange als Anwältin bei internationalen Unternehmenskäufen tätig. Jetzt hast du dein eigenes Unternehmen und suchst im Auftrag von Kanzleien und Unternehmen Top-Anwälte. Warum vermittelt ihr noch immer mehr Männer als Frauen?

Ina Steidl: „Im sogenannten Associate- und normalen Angestelltenbereich in Rechtsabteilungen von Unternehmen sind es schon fast 50 Prozent — was mich für die Zukunft hoffen lässt. Partnerinnen — oder solche, die es werden wollen — müssen erst heranwachsen. Die recht wenigen, die es bisher geschafft haben, bleiben lieber in der ‚Komfortzone‘ ihrer Firma, die sie sich meist hart erarbeitet haben. Wenn sie dann wechseln, wissen sie aber genau, was sie wollen, und stellen klare Forderungen."

In welchen Bereichen können Frauen von Männern lernen?

Ina Steidl: „Sie können lernen, sich besser zu verkaufen. Auch mal mutiger zu werden in ihren Antworten. Ein Beispiel: Fragt man einen Mann, der sich um eine Partnerschaft in einer Kanzlei bewirbt, wie viel Geschäft er mitbringt, nennt der eine Summe, die er tatsächlich beitragen kann – plus irgendetwas ‚on top‘. Hakt man nach, ob die Klienten ihm wirklich in eine neue Kanzlei folgen würden, hört man immer: ‚Ja, unbedingt, keine Frage. Das sind die Erfolge meiner harten, jahrelangen Arbeit.‘

Bespricht man dasselbe Thema mit einer Frau, die vielleicht sogar dieselben Voraussetzungen mitbringt, klingen die Antworten ganz anders. Sie nennt die Summe, von der sie 100-prozentig weiß, dass sie zutrifft. *Erkundige ich mich nach den Klienten, erfahre ich, dass sie alle eher zufällig bei ihr gelandet sind – und dass sie großes Glück hat, dass sie mit ihr in eine neue Kanzlei wechseln wollen...* – Es geht ja nicht darum, dass wir die Frauen zum Lügen verleiten wollen. Aber sie müssen verstehen, dass Männer anders ticken. Ich finde die Herangehensweise einer befreundeten Ingenieurin, die in der Automobilbranche arbeitet, passend: So wie sie Englisch gelernt hat, sagt sie, lernte sie auch die männliche Sichtweise. Das heißt keineswegs, das Frausein aufzugeben – auf gar keinen Fall –, aber es bedeutet, sein Licht nicht unter den Scheffel zu stellen und bestimmte Spielregeln anzuwenden."

Sagst du das den Job-Aspirantinnen?

Ina Steidl: „Ja, das tue ich. Wenn sie eine vorsichtige Antwort geben, frage ich häufig: ‚Was würde Ihr Mann antworten?‘ Das fördert immer ein anderes Bild zutage. Ich will ihnen einfach deutlich machen, dass sie selbstbewusster auftreten müssen."

Und das Gleiche gilt für die Gehaltsfrage!?

Ina Steidl: „Ja, ich kann unterstreichen, was die Hamburger Kollegin beschreibt. Tatsächlich ist es so, dass manche unserer Auftraggeber Männern ein höheres Gehalt bieten als Frauen. Daraufhin versuche ich, die Kanzleien anzusprechen – und ich informiere die Kandidatinnen darüber. Ein eleganter Ausweg aus dieser Misere wäre, wenn Frauen von vornherein mehr forderten! Schließlich gibt es genügend Möglichkeiten, sich über aktuelle Gehaltsniveaus zu informieren. Wer deutlich darunter liegt, sollte einfach mal großzügig aufrunden."

Exkurs: Zwei Schritte vor, einen zurück: Wenn alles zu viel wird

Protokoll von Fee Steinhoff, Innovationsmanagerin:

„Ich habe bei allen meinen Überlegungen und Handlungen stets auch darauf geachtet: Wie kommen sie bei meinem Arbeitgeber an? Mir war es wichtig zu demonstrieren, dass ich mehr Einsatz zeige als andere. Nimmt die Mehrheit der Mütter zwölf Monate Elternzeit, komme ich nach zehn Monaten wieder. Beim ersten Kind sogar schon nach einem halben Jahr. Kehren manche mit 25 Stunden wieder, biete ich 30 Stunden an. Obwohl ich längst nicht mehr in Berlin wohne, sondern im Rheinland – und jede Woche in die Hauptstadt zur Arbeit pendele. Ich bin froh, dass ich nach der Geburt unserer drei Kinder noch meinen Job als Teamleiterin für „User Driven Innovation" in den Innovationslaboren der Telekom AG habe. Trotzdem spüre ich allmählich immer mehr meine Grenzen.

Bei meinem ersten Kind habe ich mir ganz bewusst vorgenommen, im geschäftlichen Umfeld nicht zu viel über mein Muttersein zu sprechen. Ich wollte professionell wirken, auch wenn ich manchmal lieber bei meiner Tochter gewesen wäre. Ich bin zufrieden, dass ich beruflich keinen Rückschritt gemacht habe, wie eigentlich die meisten Mütter, die ich kenne. Trotzdem ist derzeit nicht der nächste Karriereschritt in unmittelbarer Sicht. Mein jüngstes Kind ist gerade erst zwei Jahre alt – und auch mein Mann ist als Chefarzt stark eingespannt.

Nun ziehe ich vorübergehend behutsam Konsequenzen und gönne mir eine Verschnaufpause: Ich reduziere meinen Vertrag für eine begrenzte Zeit von vier auf dreieinhalb Tage: zwei volle Tage in Berlin, anderthalb zu Hause im Büro. Eigentlich ist das keine große Veränderung, aber sie verschafft mir und meiner Familie mehr Luft zum Atmen. Als Einknicken werte ich es nicht, viel eher als ein kurzfristiges Vertagen meiner Karriere."

(Dr. Fee Steinhoff ist Teamleiterin für kundengetriebene Innovationen bei den Telekom Innovation Laboratories in Berlin. Sie lebt mit ihrer Familie in Düsseldorf.)

Protokoll von Julia Leichnitz, Maschinenbau-Ingenieurin:

„Eine Working Mom zu sein, ist mir sehr wichtig, da ich es unvorstellbar finde, finanziell abhängig zu sein. Kinder gehören für mich und meinen Mann zum Leben dazu – und es macht uns Spaß, unsere Tochter beim Erwachsenwerden zu begleiten. Wir hoffen, dass sie uns im Alter manchmal Gesellschaft leisten wird.

Aktuell arbeiten mein Mann und ich beide in großen Firmen – Vollzeit. Aber wir haben beide unsere Karrieren mit Personalverantwortung, von außen aufgesetzten Prestigezielen und Gehaltsperspektiven zurückgeschraubt und gedrosselt, damit wir als Paar und als Familie besser zurechtkommen. Mein Mann hat bei der Lufthansa AG aktiv Personalverantwortung abgegeben, ich habe beim Gabelstapel-Hersteller Jungheinrich eine Führungsposition ausgeschlagen. Ich habe den Eindruck, dass die Vereinbarkeit von Beruf und Familie derzeit eher in einer Expertenrolle auf Mitarbeiterebene möglich ist. Mein Eindruck ist, dass Führungspositionen in der Wirtschaft allgemein so gestaltet sind, dass sich ihr Zeitaufwand nicht ohne Weiteres mit einem gleichberechtigten Elternverständnis vereinbaren lässt. Derzeit bin ich in der Grundlagenentwicklung und habe viel Freiheit sowie fachliche Verantwortung. Ob ich auch in den nächsten Jahren ohne Mitarbeiterverantwortung bleibe? Ich hoffe nicht, da ich mich gerne weiterentwickeln möchte.

Wir haben festgestellt, dass das Ausbalancieren familiärer Rechte und Pflichten ein ständiger, harter und anstrengender Prozess ist, bei dem die Art und Dauer unserer Berufstätigkeit ein wichtiger Faktor ist. Im Grunde ändern sich die Rahmenbedingungen von Monat zu Monat. Wie geht es unserem Kind und uns, was machen die Kollegen, was verlangen die Vorgesetzten? – darüber unterhalten wir uns zu Hause häufig. Ich finde es notwendig, damit keiner zurücksteckt oder sich in Abhängigkeit begibt. Wir haben beide ein elementares Interesse an unser beider Unabhängigkeit.

„Mama fährt Gabelstapler": Luise aus Hamburg, neun Jahre

Wie es für mich weitergehen wird, kann ich nicht absehen und hoffe weiterhin auf spannende Tätigkeiten und auch Wirksamkeit. Klar ist jedoch für mich und meinen Mann: Wenn unsere Tochter oder einer von uns unter der Berufstätigkeit des anderen leiden würde, änderten wir die Situation jederzeit aufs Neue."

(Dr. Julia Leichnitz ist Ingenieurin im Bereich Patente und Methoden beim Gabelstapel-Hersteller Jungheinrich in Hamburg. Sie ist verheiratet und hat eine 9-jährige Tochter.)

Protokoll von Ivonne Feldermann, selbständige Beraterin:

„Als Beraterin bei Porsche Consulting war ich vier Tage die Woche unterwegs. Das war eine spannende Zeit, aber auch eine sehr intensive. Mein Kind konnte ich nur freitags und am Wochenende sehen. Als ich zum zweiten Mal schwanger war, merkte ich, dass ich die langen Abwesenheiten nicht mehr wollte. Es war anstrengend und emotional belastend für mich, aber vor allem für unser Kind schwierig. Der Bezugspunkt fehlte. Am Wochenende war es sehr anhänglich, es wirkte nicht ausgeglichen. Deshalb machte ich mich in einer vollkommen neuen Branche und Thematik selbständig, damit ich meine Projekte und Abwesenheiten besser selbst steuern kann. Ich bin noch immer hin und wieder unterwegs, aber deutlich seltener.

Ich bin zufrieden mit dieser Lösung. Unseren Kindern geht es gut — und mir auch. Wir haben nach wie vor eine Kinderfrau, die uns unterstützt. Aber egal, wie liebevoll sie ist: Eine Mutter kann sie nicht ersetzen, wenn es den Kindern schlecht geht.

Als Zurückstecken empfinde ich meine Entscheidung nicht. Es ist eine Phase, die irgendwann vorüber sein wird. Dann kommt etwas Neues."

(Dr. Ivonne Feldermann ist selbständige Beraterin in Düsseldorf. Die promovierte Wirtschaftswissenschaftlerin ist nach ihrer zweiten Schwangerschaft bei Porsche Consulting ausgestiegen. Feldermann ist verheiratet, ihre Kinder sind fünf und sieben Jahre alt.)

7. Selbst ist die Frau –
Unternehmerinnen mit Kindern

Noch immer gründen deutlich mehr Männer als Frauen ein Unternehmen. Dieselbe Aussage kann für die Unternehmensnachfolge gemacht werden: Auch hier dominieren die Herren. Immerhin findet ein Wandel statt – wenn auch auf leisen Sohlen. Je mehr Frauen grundsätzlich am Erwerbsleben in abhängigen Beschäftigungsverhältnissen teilnehmen, heißt es beim Institut für Mittelstandsforschung in Bonn, desto mehr Frauen werden auch unternehmerisch aktiv. Jedes fünfte kleine bis mittlere Unternehmen wird inzwischen von einer Frau geführt. Auch der Anteil von Frauen bei Unternehmensfolgen liegt bei 20 Prozent. Zum Vergleich: In börsennotierten Konzernen liegt der Frauenanteil im Vorstand bei nicht mal sechs Prozent.

Das Bundeswirtschaftsministerium wirbt seit einer Weile offensiv dafür, dass Frauen unternehmerisch aktiv werden. Über die Initiative „Vorbildunternehmerinnen" sollen beispielsweise selbständige Frauen stärker in der Öffentlichkeit wahrgenommen werden und Schülerinnen und Studentinnen für das Berufsziel begeistern. Auch für Gründerinnen engagiert sich das Ministerium über verschiedene Projekte. Nicht ohne Grund, wie Wissenschaftler errechnet haben: Würden Frauen im selben Ausmaß wie Männer zu Unternehmern, könnte das weltweite Bruttoinlandsprodukt um bis zu 1,5 Billionen Dollar steigen.

Immerhin stellte die Kreditanstalt für Wiederaufbau (KfW) in ihrem jährlichen Gründungsmonitor zuletzt einen gestiegenen Anteil von unternehmerisch aktiven Frauen fest: 43 Prozent der insgesamt 915.000 Gründer im Jahr 2014 waren weiblich. Damit wurde der Rekordwert aus dem Vorjahr erneut erreicht.

Es existieren keine Zahlen darüber, wie viele von den Gründerinnen Kinder haben. Dass Selbständige sich wegen ihres beruflichen Engagements aber nicht davon abhalten lassen, Kinder zu bekommen, hat der Verband deutscher Unternehmerinnen im April 2016 bestätigt: Zwei Drittel aller Unternehmerinnen sind einer Befragung des Verbands deutscher Unternehmerinnen (VdU) zufolge Mütter, jede Zehnte hat sogar drei oder mehr Kinder. Der VdU hat rund 1.600 Mitglieder. Sie erwirtschaften einen Jahresumsatz von 85 Milliarden Euro und beschäftigen 500.000 Mitarbeiter.

40 Prozent der Arbeitgeberinnen gaben an, dass Unternehmertum und Elternschaft sich besonders gut vereinbaren lassen. Für weitere 14 Prozent war die Familiengründung sogar der Auslöser für die Selbständigkeit.

Auch unter den Working Moms gibt es Frauen, die sich im Zuge der Familiengründung selbständig gemacht haben – und als Einzelunternehmerinnen, als sogenannte Solopreneure, tätig sind. Andere beschäftigen Hunderte von Angestellten. Einige der Unternehmerinnen stellen sich auf den folgenden Seiten vor.

Firmengründung:
Adé Präsenzpflicht und Fremdbestimmung

Kein Vorgesetzter, keine festen Bürozeiten und Entscheidungen treffen, wie man es selbst für richtig hält: So malen sich viele Arbeitnehmerinnen und Arbeitnehmer die Vorteile einer Selbständigkeit aus. Für Bettina Burbach war es jedoch nicht die Unzufriedenheit mit den Rahmenbedingungen ihres vorherigen Arbeitgebers – für sie war die Unternehmensgründung schlicht der „nächste logische Schritt" in ihrer Karriere.

Als Geschäftsführerin des Hamburger Kaschmir-Modelabels Iris von Arnim hatte sie „eine sehr schöne Position", wie sie es nennt. Dann kam allerdings der Umzug nach München zu ihrem Mann – das Paar erwartete Nachwuchs: erst einen Sohn, bald darauf eine Tochter. Sie überlegte zwischendrin sogar, zu dem Job in Hamburg zurückzukehren, wurde sich mit ihrer ehemaligen Chefin jedoch nicht einig. Die potentiellen Alternativen in München begeisterten sie hingegen kaum. „In meinem alten Job hatte ich mit sehr exklusiven Produkten zu tun, es war eine bekannte Marke und ich konnte viel bewegen", erzählt Bettina Burbach. Um an etwas Vergleichbares in München anknüpfen zu können, so war ihre Schlussfolgerung, musste sie ihr eigenes Label gründen. 2008 rief sie Sousi ins Leben, die Kurzform von Soul Sisters, eine Marke für hochwertige Kaschmirprodukte. „Jetzt mache ich das, was ich früher gemacht habe, alleine – aber ich darf sogar noch die Produkte selbst designen."

Klingt gut, aber wie geht das? Mehr Kompetenzen, mehr Zuständigkeiten, alles alleine, und dann auch noch zwei kleine Kinder?

„Naja", sagt die Münchnerin, „man muss das, was man macht, lieben. Der Inhalt der Arbeit muss die Motivation sein, sonst klappt es nicht. Die Selbständigkeit als Ausweg aus einer unglücklichen Festanstellung funktioniert nicht." Burbach hat sich einen strikten zeitlichen Rahmen verordnet: Weil sie Büro und Atelier in der Privatwohnung hat, ist ihr die Abgrenzung besonders wichtig: Um 17 Uhr kommen beide Kinder, die inzwischen zehn und elf Jahre alt sind, in der Regel nach Hause. Dann schaltet die Unternehmerin ihren Computer aus und macht Feierabend.

Stehen der Junge und das Mädchen mal früher auf der Matte, haben sie eines zu respektieren: Ist die Tür zum heimischen Arbeitszimmer zu, heißt das: Mama ist noch nicht zu Hause. Bettina Burbach arbeitet Teilzeit, so man das als Selbständige sagen kann. Wenn aber alles nach Plan läuft, ist ihr zeitlicher Einsatz mit einer 80-Prozent-Stelle vergleichbar. Damit gehört ihr Freitagnachmittag der Familie.

Wenn sie zwischen September und November durch die Republik tourt, um ihre neue Kollektion Geschäftspartnern, Kunden und Medien vorzustellen, ist der Zeiteinsatz hingegen deutlich größer. Dann unterstützt ein Kindermädchen die Familie: Eine junge Frau, die das ganze Jahr über als Minijobberin angestellt ist, die aber manche Wochen gar nicht arbeitet und dafür zu anderen Zeiten mehr.

TIPP „Die Selbständigkeit muss die Fortsetzung der bisherigen Karriere sein. Eine völlige Neuausrichtung ist mit kleinen Kindern nicht zu machen."

Bettina Burbach, Unternehmerin

Bettina Burbach sieht große Vorteile im Home Office: Sie verschwendet keine Zeit für den Arbeitsweg und spart das Geld für externe Räumlichkeiten. Der Nachteil: „Das Büro lauert immer ums Eck." Manchmal verlangt es ihr viel Disziplin ab, abends — wenn die Kinder im Bett sind — nicht automatisch im Arbeitszimmer zu verschwinden, um nochmal schnell etwas zu erledigen.

Auch die nicht vorhandenen Kollegen hat sie anfangs stark vermisst. Denn gerade bei einer Firmengründung und der Selbständigkeit gibt es so viele Themen, mit denen man sich nicht auskennt und zu denen man gerne eine zweite oder dritte Meinung hören würde. Um nicht alles stets mit ihrem Mann zu besprechen, hat sie sich Sparringspartner gesucht. In Gesprächen mit ihren ersten Kundinnen hat sie gemerkt: „Die haben einen guten Blick auf das, was ich tue." Seitdem trifft sie eine Handvoll Frauen regelmäßig abwechselnd zu konkreten Themen. Mentoring, Coaching und Kundenbefragung in einem.

Noch etwas möchte sie gründungswilligen Müttern mit auf den Weg geben: „Es ist wichtig, vorher zwei Dinge mit seinem Partner zu klären." Erstens: Als Gründerin verdient man fast immer erst einmal weniger. Ist er bereit, den Verdienstausfall mitzutragen? Zweitens: Als Unternehmerin ist man vermeintlich flexibler, hat aber eigentlich mehr zu tun. Wird er Familienaufgaben weiterhin gleichberechtigt teilen? „Sicherlich kann ich als Selbständige manches zu Hause auffangen. Trotzdem darf das nicht heißen, dass ich automatisch für alle Haushalts- und Familienthemen zuständig bin." Denn ihre Mission bleibt ja, ein noch erfolgreicheres Unternehmen aufzubauen.

TIPP „Sprecht vor der Gründung mit eurem Partner: Ist er bereit, die Selbständigkeit mitzutragen? Also anfangs ein geringeres Einkommen und trotzdem mindestens den gleichen Anteil an Haus- und Familienarbeit?"

Bettina Burbach, Unternehmerin

Von München nach Hamburg: Auch Anette von Löwenstern ist das, was Wissenschaftler beklagen, wenn sie über den geringen Frauenanteil im Management klagen: Auf dem Weg nach oben aus dem System gefallen. Nach dem unschönen Abschied von der Festanstellung in einer Pharma-Marketing-Agentur — siehe Kapitel zum Wiedereinstieg (siehe Seite 37) — gründete sie mit dem Ex-Kommunikationsleiter eines Pharmakonzerns eine PR-Agentur: Es lief von Anfang an gut, von Löwenstern gewann verschiedene ehemalige Kunden, das Duo hatte viel zu tun. Trotzdem trennten sie sich nach anderthalb Jahren. Der Grund: Sie hatten zu verschiedene Vorstellungen. Er hatte ein Vierteljahrhundert in einem Konzern verbracht, Anette von Löwenstern war eher pragmatische Dienstleisterin, die auch noch Zeit für ihre Familie haben wollte.

Schließlich machte sie sich alleine selbständig — mit einem Büro in ihrem Privathaus, von wo aus auch ihr Mann mit einer eigenen Firma überwiegend arbeitet. Und startete durch: Sie holte Aufträge aus der Pharmaindustrie an Land, wirtschaftlich und inhaltlich interessant, und realisierte sie mit einem Netzwerk von Freelancern. Das macht sie bis heute so — und ist sehr glücklich damit. „Ich brauchte die Selbständigkeit mit Partner als Zwischenschritt", sagt sie. Als Tritt in den Hintern. „Die merkwürdige

Behandlung durch meinen langjährigen Arbeitgeber davor und die Kündigung hatten mir den Schneid genommen. Wahrscheinlich habe ich mich damals nicht getraut, alleine zu gründen."

Schon immer hat es Frauen gegeben, die sich aus ihrer Mutterrolle heraus einen Nebenerwerb oder sogar eine Selbständigkeit aufgebaut haben. Dank der technischen Möglichkeiten können sie heute aber sehr viel qualifiziertere Tätigkeiten ausüben und sich zudem professioneller vermarkten. Noch nie hat es die Möglichkeit gegeben, von einem Smartphone aus ein Unternehmen zu führen. Do-It-Yourself-Portale wie Dawanda oder Etsy beweisen das: Künstlerinnen oder Kreative erhalten durch sie den Zugang zu einem Millionenpublikum. Auch wenn es für viele der Shopbetreiber ein Nebenerwerb bleibt, gibt es durchaus Unternehmerinnen, die dank solcher Portale ein erfolgreiches Geschäft aufgebaut haben.

Auch in anderen Bereichen entstehen Portale, die Selbständige mit Auftraggebern zusammenbringen: Comatch ist etwa ein Berliner Start-up, das sehr erfahrene freiberufliche Unternehmensberater an Kunden vermittelt. Scribershub ist wiederum das Projekt einer ehemaligen Hamburger Chefredakteurin, die freie Texter und Redakteure mit Auftraggebern zusammenbringt.

Dass Selbständige mit Kindern inzwischen ein neues Selbstbewusstsein haben, zeigt auch das Netzwerk Mompreneurs, dass die Berlinerin Esther Eisenhardt ins Leben gerufen hat. „Mütter sind eine der meist unterschätzten Ressourcen in unserer heutigen Arbeits- und Unternehmenswelt", ist sie überzeugt. Sie selbst hat ein gutes Jahrzehnt bei Online-Unternehmen wie Ebay und Brands4friends Karriere gemacht, ist dann aber irgendwann ausgestiegen, weil sie nur schwer ein Gleichgewicht zwischen Arbeiten, Kindern und Familienleben finden konnte.

Sie probierte verschiedene Dinge aus, bis sie 2014 Mompreneurs gründete – ein Netzwerk für selbständige oder unternehmerisch tätige Mütter. Die Idee findet großen Anklang: Mehrere Tausend Mitglieder hat die Mompreneurs-Facebook-Gruppe, die sich online unterstützen, Tipps geben oder schlicht motivieren. Bei Offline-Treffen in rund 20 Städten treffen sie sich regelmäßig, um sich in allen Fragen des Unternehmertums fit zu machen.

Dieser Rückhalt und ein gewisses Standing sind extrem wichtig, findet auch die Solo-Unternehmerin Anette von Löwenstern in Hamburg. Mehr noch als im Angestelltenverhältnis brauche man Selbstbewusstsein und die Beschaffenheit eines Stehauf-Männchens. „Man braucht Seniorität,

Präsenz und innere Stärke, um kleinen wie großen Kunden gleichermaßen gegenübertreten zu können. Man muss furchtlos werden und sich nicht zu schade sein, sich anzubieten." Deshalb findet sie auch Branchen- und Führungserfahrung unerlässlich. Denn als PR-Unternehmerin sollte sie selbstredend ihr Metier gut beherrschen, zugleich braucht sie aber deutlich mehr: Sie muss Akquise betreiben, ihre Firma präsentieren, sich selbst vermarkten, ihre IT im Griff haben, Buchführung machen, Steuererklärungen erstellen.

Auch die Bereitschaft, nicht Dienst nach Vorschrift zu machen, sondern dann, wenn die Aufträge da sind, gehört nach ihren Worten unbedingt dazu. Vor drei Jahren, erzählt sie, hat sie beispielsweise Weihnachten gar nicht aktiv miterlebt, weil sie für einen Kunden einen Geschäftsbericht erstellt hat, der bis zum Jahresende fertig sein sollte. Im vergangenen Jahr arbeitete sie wegen sehr guter Auftragslage im Mai und im Juni beispielsweise 60 Wochenstunden, im Juli konnte sie dafür vier Wochen Urlaub nehmen. Im August verbrachte sie wiederum einige Wochen im Ferienhaus ihrer Familie und arbeitete von dort aus, während Mann und Sohn Urlaub machten. „Für mich ist es das absolute Privileg einer Selbständigen, sich die Zeit selbst einteilen zu können."

Während viele andere eher über die theoretische Möglichkeit, das zu tun, schwärmen, nutzt Anette von Löwenstern diese Freiheit tatsächlich. Unter der Woche holt sie gegen 15 Uhr ihren Sohn aus dem Grundschulhort. Mal bringt sie ihn dann zum Hockeytraining, mal gehen sie zusammen ins Schwimmbad oder verbringen einfach Zeit zu Hause. Wenn ihr Termine dazwischenkommen, nehmen andere Eltern den Junior von der Schule mit oder ihr Mann springt ein. Lieber arbeitet Anette von Löwenstern aber abends oder am Wochenende, als auf die Nachmittage mit ihrem Sohn zu verzichten. Wenn es sein muss, steht sie sogar morgens um 4 Uhr auf, um sich an den Schreibtisch zu setzen. Immerhin ist der Weg dahin nicht weit.

> **TIPP** „Als Gründerin braucht man Gelassenheit. Aufträge kann man nur bis zu einem bestimmten Grad einplanen. Wenn sie ausbleiben, muss man finanzielle Durststrecken überwinden können."
>
> *Anette von Löwenstern, selbständige PR-Beraterin*

Tipps für Einzelunternehmerinnen in spe

▸ Wo arbeiten? Zuerst im Home Office, dann in Co-Working-Spaces? Adressen wie Betahaus, Design Office, Regus oder Social Impact Lab, die Schreibtische oder Konferenzräume bieten, gibt es mittlerweile in vielen großen Städten. www.coworking.de listet Büros mit flexibel zu buchenden Mietschreibtischen auf.

▸ Wie finanzieren? Die meisten Banken unterstützen Selbständige mit eigens zugeschnittenen Existenzgründungskrediten. Möglicherweise kommt auch ein Mikrokredit in Frage, Goldrausch e.V. vergibt zum Beispiel Kredite bis zu 10.000 Euro im Rahmen des Mikrokreditfonds Deutschland. Wer sich an Wagniskapitalgeber wenden will, benötigt eine Geschäftsidee, die skalierfähig ist und international ausgerollt werden kann.
Wer aus der Arbeitslosigkeit heraus gründet, hat gegebenenfalls Anspruch auf einen Gründungszuschuss der Bundesagentur für Arbeit.

▸ Von wem Unterstützung erhalten? Die Liste der Existenzgründerwettbewerbe ist lang. Unter www.existenzgründer.de > Service > Beratung und Adressen > Linksammlung > Gründerwettbewerbe wird eine umfangreiche Übersicht bereitgestellt.
Ein Wettbewerb, der sich ausschließlich an Frauen wendet, ist der Darboven-Idee-Förderpreis. Der alle zwei Jahre verliehene Preis fördert innovative Geschäftsideen und ist mit insgesamt 65.000 Euro dotiert.
Weitere Informationen bietet ein Portal des Bundeswirtschaftsministeriums: http://www.existenzgruenderinnen.de

▸ Von wem lernen? Sogenannte Business Angels sind großartige Starthelfer für Firmengründerinnen und -gründer. Sie stehen nicht nur mit Rat und Tat zur Seite, meist geben sie auch eine Anschubfinanzierung. Unter www.business-angels.de sind einige von ihnen aufgeführt.
Das HVB Gründerinnen-Mentoring richtet sich hingegen nur an junge Frauen, die sechs Monate eine erfahrene Unternehmerin als Patin an die Seite gestellt bekommen.

▸ Mit wem austauschen? Netzwerken ist wichtig, um die eigene Firma bekannt zu machen und sich Feedback zu Angeboten und Ideen einzuholen. Bei Mompreneurs tauschen sich Selbständige mit Kindern über eine Facebook-Gruppe oder bei Offline-Treffen persönlich aus (www.mompreneurs.de). Gründerinnen sollten das Netzwerken aber nicht auf eine Gruppe von Gleichgesinnten beschränken: Nehmt Kontakt zur Handelskammer, Branchenverbänden und Mittelstandsvereinigungen auf. Viele Organisationen sind dankbar für weiblichen Zuwachs. Macht ein Entree mit einem Vortragsangebot.

▸ Wie inspirieren lassen? Auch das mediale Angebot für die Zielgruppe wächst: Neben SAAL ZWEI, dem Online-Business-Magazin für Frauen, das häufig die Vereinbarkeit von Beruf und Familie sowie Gründungsideen thematisiert (www.saalzwei.de), ist eine Vielzahl von Blogs entstanden. Mama-arbeitet.de hat „alleinerziehend berufstätig" zum Thema, bei Halbesachen.net schreibt etwa ein berufstätiges Elternpaar über seine Sicht der Dinge. Gruenderszene.de stellt täglich zahlreiche Start-ups vor und nimmt auch Gründerinnen in den Blick. Das Portal Edition F veröffentlicht immer wieder Beiträge rund um junge Mütter und die Arbeitswelt.

▸ Wie den Kopf über Wasser halten? Wer die romantische Idee hat, das Kind zu Hause betreuen zu können und nebenbei ein Start-up zu gründen, muss enttäuscht werden. Dann reicht es allenfalls für ein Hobby. Eine Kinderbetreuung durch Dritte ist wichtig, zusätzlich zur regulären ist eine Notfall- und Abendbetreuung sinnvoll.
Der Partner muss voll hinter der Gründung stehen. Macht euch einen Plan. Einen Businessplan braucht ihr ohnehin, aber überlegt auch, wie ihr für das Alter vorsorgt. Definiert auch einen Termin, an dem ihr die Reißleine zieht, falls die Idee nicht zündet.

▸ Was ist das Wichtigste? Neben einem vernünftigen Einkommen: der Spaß. Lasst eure Familie an eurer beruflichen Entwicklung teilhaben und feiert Erfolge gemeinsam. Egal, ob bei einem großen Eis oder einem Wochenendausflug in einem tollen Hotel. Hauptsache Familienzeit!

„Meine Mutter, die Stilberaterin": Polly aus Hamburg, zehn Jahre

Groß denken: Eigene Firma, eigenes Team

Anke Nestler hat den Schritt mit dem Heimarbeitsplatz und den Co-Working-Spaces übersprungen und von Anfang an größer gedacht: Die Kauffrau ist Gründerin und Geschäftsführerin von Valnes Corporate Finance, einer Gesellschaft, die auf die Bewertung von Unternehmen und immateriellen Vermögenswerten spezialisiert ist. Zwischen acht und zehn Mitarbeiter beschäftigt sie in ihrem repräsentativen Büro im Frankfurter Westend, schon seit ihrer Gründung 2008. Zum einen liegt das wohl daran, dass Anke Nestler ihr breites Angebot an Dienstleistungen alleine gar nicht abdecken könnte. Zum anderen sind Standing und Vertrauen eine wichtige Währung, wenn es darum geht, im Auftrag von Aktiengesellschaften Kaufpreisbewertungen vorzunehmen oder Sachverständigengutachten zu erstellen. „Zudem habe ich ein anderes Selbstverständnis", sagt sie. „Ich bin keine selbständige Mutter, ich bin Unternehmerin mit Passion für meinen Beruf."

Wer von Anfang an Mitarbeiterinnen und Mitarbeiter auf dem Gehaltszettel stehen hat — Nestler hat Valnes aus ihrer vorherigen Tätigkeit im Verbund der internationalen Anwaltskanzlei Linklaters heraus als Spin-off gegründet und mehrere Mitarbeiter mitgenommen — ist wohl auch verpflichtet, ambitioniert zu denken und Einsatz zu zeigen. „Je langsamer die Lokomotive, desto träger der Zug dahinter", sagt sie schmunzelnd. Die ersten zwei, drei Jahre waren hart, erinnert sie sich: Zu jeder Abendveranstaltung ist sie gegangen, jedes Vortragsangebot hat sie angenommen, um ihre Firma bekannt zu machen. Stets spürte sie während der eigentlichen Arbeit das Risiko, das die Fixkosten einer solchen Firma mit sich bringen.

> TIPP „Auch wenn ich anfangs nicht so gut darin war: Ich finde es enorm wichtig, als Unternehmerin einen bewussten Freiraum für die Familie zu definieren."
>
> *Dr. Anke Nestler, Unternehmerin*

Das Schwierige am Unternehmerdasein: „Man ist nie fertig"; sagt die Mutter eines Mädchens und eines Jungen. „Jede Idee will man verfolgen, es gibt nichts, was einen bremst." Wenn da nicht die Kinder und die Familie wären: Am Anfang fand Anke Nestler, die im Jahr vor ihrer Firmengründung auch die Working Moms in Frankfurt mit ins Leben rief, es schwierig, sich feste Freiräume für die Familie zu schaffen. Gegen 18 Uhr versuchte sie zu Hause zu sein, wo der Rest der Familie auf sie wartete. Hin und wieder kam dann doch etwas dazwischen, aber mit der Zeit lernte sie, sich an die Familienzeiten abends und am Wochenende zu halten. Weil sie es selbst wollte und wichtig fand, aber auch weil sie manchmal das schlechte Gewissen plagte. Dabei kannten ihre Kinder es nicht anders, Anke Nestler hatte immer schon Vollzeit gearbeitet, so dass sie erst einen Ganztagskindergarten, dann eine Privatschule besuchten und zusätzlich durch eine Kinderfrau betreut wurden. Heute gehen beide in ein öffentliches Gymnasium und bewegen sich in ihrem Alltag sehr selbständig.

Als ihre Tochter Paula einmal aus der Grundschule nach Hause kam und ein Diktat mit 25 Fehlern aus dem Ranzen holte, wusste sie, wie sie ihre Mutter zu packen bekam: „Du brauchst gar nicht so blöd zu schauen", sagt sie. „Alle haben so viele Fehler, und das hat gar nichts mit deinem Job zu tun." Anke Nestler erzählt diese Geschichte heute schmunzelnd, zeigt sie doch eines: Ihre Tochter kann sich gut in die Mutter hineinversetzen und hat zugleich gelernt, selbstbewusst zu argumentieren. Auch wenn die Mutter in Frage stellte, dass die gesamte Klasse eine Fünf in der Deutscharbeit geschrieben hat, und sie wenig begeistert über das Ergebnis ihrer Tochter ist: Anke Nestler weiß schließlich, dass das Mädchen ansonsten eine gute Schülerin ist. Sie ist stolz darauf, wie souverän sie mit der Situation umgeht.

> **TIPP** „Wer die Frage ‚Bin ich noch zufrieden?' nicht mit einem klarem Ja beantworten kann, sollte über Alternativen nachdenken. Eine Gründung könnte eine Option sein, allerdings nie aus einer Verlegenheit heraus."
> *Dr. Anke Nestler, Geschäftsführende Gesellschafterin*

Seit Anke Nestler die ersten Jahre nach der Gründung erfolgreich gemeistert hat und die Firma etabliert ist, nutzt sie inzwischen unterschiedliche Zeitfenster, die sich auftun: Mal fährt sie abends früher nach Hause und bearbeitet den Rest, wenn die Kinder schlafen. Oder sie geht gelegentlich zum Mittagessen zu den Kindern nach Hause und bleibt bei Bedarf länger im Büro. Am Wochenende packt die Familie häufig ihre Taschen und fährt in die Berge. Die Frankfurterin und ihr Mann finden es sehr wichtig, den schnellen und verantwortungsvollen Alltag bewusst hinter sich zu lassen und zu viert Zeit in der Natur zu verbringen. Weil es erdet, die Familie zusammenrücken lässt und Themen jenseits von Job, Schule und Erfolg in den Mittelpunkt rückt. „Ich finde es wichtig, sein Lebensmodell immer wieder auf den Prüfstand zu stellen." Es ist egal, welches Lebensmodell jemand wählt: Kinder stark zu machen und ihnen den Rückhalt zu geben, den sie im Leben brauchen, sieht Nestler als oberstes Ziel an.

Genau diese Überlegung war es, die Antje Baumann in die Selbständigkeit brachte. Sie stellte ihr Lebensmodell in Frage. Achteinhalb Jahre hatte sie für Freshfields Bruckhaus Deringer gearbeitet, eine Wirtschaftskanzlei, die das Ranking der umsatzstärksten Akteure Deutschlands anführt. Arbeitszeiten bis in die späten Abendstunden waren für die Anwältin genauso normal wie Ad-hoc-Arbeitsdienste am Wochenende. Sie hängte sich richtig rein, reduzierte ihr Engagement und ihren zeitlichen Einsatz auch nach Geburt ihrer zwei Kinder nicht – und bekam von ihrem Arbeitgeber wenig Bestätigung dafür. Sie war Counsel und hatte Führungsverantwortung, wollte aber Partnerin werden. „Nächstes Jahr vielleicht", bekam sie zu hören.

Am Hamburger Standort, wo sie tätig war, gab es vor ihrem Ausstieg unter gut 20 männlichen Partnern keine einzige Frau. Auch im Bundesschnitt schneidet die Kanzlei schlecht ab. 2014 lag der Anteil der Partnerinnen bei Freshfields nach Recherchen des Managementblogs der Wirtschaftswoche bei sechs Prozent, bei den angestellten Anwältinnen bei 28 Prozent. Zum Vergleich: Eine Kanzlei wie Gleiss Lutz ist mit einem Partnerinnen-Anteil von 20 Prozent Spitzenreiter.

Die abwartende Haltung ihres Arbeitgebers wollte Antje Baumann nicht länger hinnehmen – und hörte sich anderweitig um. Sie kam ins Gespräch mit vier Juristen, die eine Kanzlei-Boutique in Hamburg gegründet hatten. Alle aus großen Wirtschaftskanzleien kommend, hatten sie ein hohes Maß an Expertise und Erfahrung, wollten aber lieber in einer anderen, selbstbestimmten Konstellation weiterarbeiten. Wenn es im Job so etwas geben würde, war es Liebe auf den ersten Blick: Antje Baumann besprach sich mit den Gründern, schrieb einen Businessplan und wurde sich innerhalb von Tagen mit ihnen einig. Als Fünfte im Bunde stieg sie 2010 in die zwei Jahre alte Kanzlei ein – und war neben vier Männern die einzige Partnerin. Zwischenzeitlich hat sich das Geschlechterverhältnis zu ihren Gunsten gewandelt: Unter den Mitarbeitern überwiegt der Frauenanteil.

TIPP „Meine Selbständigkeit empfinde ich als Quell großer Zufriedenheit. Ich bin nicht mehr fremdgesteuert – und weiß zudem, dass meine Mandanten wegen mir kommen, nicht wegen einer Marke, für die ich eigentlich keine Rolle spielte."

Dr. Antje Baumann, Anwältin

Die Vereinbarkeit von Beruf und Familie ist für die Juristin inzwischen deutlich besser zu handhaben. „Der große Vorteil liegt darin, dass ich heute nicht mehr fremdgesteuert werde", sagt sie. Soll heißen. Sie selbst stimmt mit ihren Mandanten ab, wann ein Schriftsatz fertig werden muss — nicht ihre Vorgesetzten. Aus den großen Wirtschaftskanzleien kennt sie es anders: „Das Problem ist meistens gar nicht der Mandant, sondern Vorgesetzte und Kollegen." Die ordneten gerne mal an, dass ein Memo bis zum nächsten Morgen, acht Uhr, fertig sein sollte. Was für die zuständigen Anwältinnen und Anwälte eine spontane Nachschicht bedeutet.

Damit kein falscher Eindruck entsteht, schiebt die Mutter zweier Kinder hinterher: „Auch heute gehe ich hin und wieder später nach Hause. Aber das geschieht auf meine eigene Entscheidung hin und macht mir deshalb überhaupt nichts aus." Vom Vater ihrer Kinder lebt sie getrennt und die Betreuung teilen die Eltern gleichberechtigt untereinander auf. Eine Woche sind die neunjährige Tochter und der zwölfjährige Sohn bei der Mutter, eine Woche beim Vater. So hat die promovierte Juristin die eine Woche Zeit für Geschäftsreisen und Abendtermine, die andere versucht sie, früh nach Hause zu gehen.

„Wenn die Kanzlei läuft, hat man viele Freiheiten." Sie ist eingestiegen ohne Umsatz- oder Zeitvorgaben — und es läuft auch so: Fünf Mitarbeiterinnen und Mitarbeiter hat Antje Baumann inzwischen zusammen mit einem anderen Partner. Anderthalb Jahre hat es gedauert, bis sie sich richtig etabliert hatte. Baumanns Schwerpunkt sind handels- und gesellschaftsrechtliche Streitigkeiten, sie übernimmt die Vertretung in streitigen Auseinandersetzungen vor Gericht oder in Schiedsverfahren. Von ihrem ehemaligen Arbeitgeber waren einige Kunden zu ihr gewechselt, was den „Aufbau ihres Schreibtisches sicherte", wie sie es nennt.

Und diese durchweg namhaften Mandanten haben ihr und der Kanzlei vom Start weg einen Imageschub gegeben — und Neugeschäft generiert. Antje Baumann ist überzeugte Unternehmerin und möchte es jedem, der lange genug im Beruf ist, ans Herz legen: „Es ist ein tolles Gefühl, wenn man weiß, dass die Kunden nicht zufällig bei einem landen, weil sie zu einer großen Marke kommen. Meine Kunden landen bei mir, weil sie meine Expertise schätzen."

Und deshalb hat Baumann zu ihren Mandanten auch ein gutes Verhältnis. Als eines ihrer Kinder beispielsweise mal Probleme in der Schule hatte, organisierte sie ihre Arbeit so, dass sie nachmittags häufiger zu Hause war und es verstärkt beim Lernen und den Hausaufgaben unterstützen konnte. Ihre Arbeit holte sie dann abends oder am Wochenende nach. „Meinen Mandanten habe ich das so gesagt – und jeder hatte Verständnis." Tatsächlich hat sie auch schon Aufträge abgelehnt. Dennoch gibt es auch Grenzen der Transparenz: „Ab und zu gehe ich nachmittags nach Hause, um mit meinen Kindern Plätzchen zu backen oder so. Dann steht in meinem Kalender ‚geschäftlicher Termin'", sagt sie lachend und scheint zu überlegen, ob sie noch etwas ergänzen soll oder ob es selbstverständlich ist. „Die E-Mails und Anrufe, die nachmittags aufgelaufen sind, arbeite ich abends, wenn die Kinder im Bett sind, nach."

TIPP „Das Baby mit zur Arbeit nehmen? Mein gesamtes Umfeld erklärte mich für verrückt. Doch meine Kunden waren begeistert, auch auf das Arbeitsklima wirkte sich seine Anwesenheit positiv aus. Wir sollten viel häufiger ungewöhnliche Wege gehen, um Arbeit und Familie zu vereinbaren."

Katrin Wagner, selbständige Augenoptikermeisterin

Noch viel offensiver ist Katrin Wagner damit umgegangen, Kind und Arbeit miteinander zu vereinbaren. Die selbständige Augenoptikerin, die binnen zweier Wochen Mutter eines vier Tage alten Dauerpflegekindes wurde (siehe Kapitel „Adoption: Von Null auf Hundert Mutter", Seite 34), hat ihr Baby direkt mit zur Arbeit gebracht. Jemand anderem wollte sie die Betreuung nicht überlassen. Im Geschäft, das sie damals vor gerade zweieinhalb Jahren eröffnet hatte, konnte sie aber auch nicht fehlen, weil ihre Arbeitskraft gebraucht wurde. Tatsächlich lief es viel besser als erwartet: Ihr Pflegesohn fühlte sich pudelwohl im Babytragetuch vor ihrer Brust. Und die zwei bis drei intensiveren Beratungsgespräche im Optikerladen, die sie pro Tag neben ihren zwei Mitarbeiterinnen machte, störten das Baby überhaupt nicht.

Im Gegenteil: Es wirkte sich ausgesprochen positiv auf die Stimmung aus. Die Kunden fand seine Anwesenheit gut, besonders als sie merkten, dass Einsatz und Aufmerksamkeit der Chefin nicht beeinträchtigt wurden. „Vorher kam eigentlich allen die Idee, das Baby mit ins Geschäft zu nehmen, utopisch vor." Doch der Praxistest zeigte, dass es klappte. Ein Jahr lang nahm Wagner ihren Sohn mit zur Arbeit, dann wechselte er in die Kita. Von Vorteil war sicherlich auch, dass ihre Mitarbeiterinnen sich genauso um das Baby kümmerten, als es größer und mobiler wurde. „Noch heute", erzählt die Stuttgarterin stolz, „fragen manche Kunden, ob sie vom Juniorchef bedient werden können."

Deshalb möchte sie auch andere Selbständige mit Kindern dazu ermutigen, ungewöhnliche Wege auszuprobieren. „Ich denke, dass in vielen Berufen die Möglichkeit besteht, sein Baby mit zur Arbeit zu nehmen. Meine Mitarbeiterinnen sind bestimmt froh, dass es bei uns die Flexibilität gibt."

In Vaters Fußspuren: Chefin im Familienbetrieb

Tatsächlich war es genau das, was Mirja Gerlach gemacht hat: Als sie vor 17 Jahren ihren ersten Sohn bekam, brachte sie ihn schon bald nach der Geburt mit in die Firma. Als Geschäftsführende Gesellschafterin des Maschinenbauunternehmens Münch Edelstahl GmbH hatte sie weder Mutterschutz noch Elternzeit. Ohnehin gab es keine Vertretung für sie in dem Familienunternehmen, das ihr Vater gegründet hatte. 35 feste Mitarbeiter beschäftigt die Firma, den Großteil in der Produktion. Also funktionierte sie das Besprechungszimmer zum Kinderzimmer um, stattete es mit Babybett, einem zweiten PC und einem Babyfon aus – und machte da weiter, wo sie zwei Wochen zuvor aufgehört hatte – unkompliziert und pragmatisch.

Gerlach war erst 27 Jahre alt, nach ihrem Betriebswirtschaftsstudium an der WHU in Vallendar arbeitete sie für ein Jahr im Controlling von Hochtief und stieg danach im Unternehmen ihres Vaters ein: Münch Edelstahl GmbH. Bei dem Hersteller von Futtermittel- und Holzpelletpressen verantwortet Mirja Gerlach, die mit Geburtsnamen Münch heißt, Finanzen und Produktion.

Beim ersten Kind lief das Nebeneinander von Arbeit und Baby ziemlich gut, erzählt sie heute im Rückblick. Wenn ihr Kind schlief, war sie mit Babyfon in der Hand in der Firma unterwegs oder in ihrem Büro. War es wach, siedelte seine Mutter um ins Kinderzimmer. Später war sie dann nur noch mit ihrem Kind auf der Hüfte zu sehen, wie sie von einer Besprechung zur nächsten oder in die Fertigung wandelte. Als ihr Sohn schon ein gutes Jahr alt war, engagierte sie einen Babysitter, der nachmittags mit ihm spazieren oder auf den Spielplatz ging.

Gerlach bestätigt das, was im vergangenen Frühling eine Studie des Verbands deutscher Unternehmerinnen belegte: 40 Prozent aller Arbeitgeberinnen sind der Meinung, dass sich Unternehmertum und Elternschaft besonders gut vereinbaren lassen. Nur elf Prozent sagten, dass ihre Selbständigkeit sie von der Familiengründung abgehalten hat. Denn auch in den Familien der Unternehmerinnen ist die Kinderbetreuung größtenteils Angelegenheit der Frauen: Mehr als die Hälfte (57 Prozent) der Unternehmerinnen übernimmt die Aufgabe überwiegend selbst. Nur in jeder zwanzigsten Familie verantwortet der Vater die Betreuung der Kinder.

Mirja Gerlach konnte sich bei ihrem ersten Kind keine Kinderfrau leisten, zudem wollte sie es gerne ohne Unterstützung schaffen. Wenn Kunden kamen, nahmen sie den Büro-Nachwuchs entspannt und amüsiert zur Kenntnis. Ihrem Vater, der nach wie vor in der Firma mitarbeitet, war es eigentlich egal, ob sie ihr Kind mitbrachte oder zu Hause betreuen ließ. Vorausgesetzt, sie vernachlässigte ihren Job nicht. Beim zweiten Kind neun Jahre später fand Mirja Gerlach denn auch eine Lösung außerhalb der Firma. Das dritte Kind, 13 Jahre nach der Geburt des ersten wiederum, betreute sie zehn Monate im Besprechungszimmer, bevor sie eine externe Lösung fand. Und wenn es mit ihrem Vater mal Streit gab, sagte der schon mal Sätze wie: „Kümmere du dich mal lieber um deine Kinder.“

> **TIPP** „Früher war ich stolz, wenn ich alles allein schaffte. Arbeit, Kind, Haushalt. Inzwischen weiß ich: Das ist völlig falscher Ehrgeiz. Niemand lobt dich, wenn du alles geschafft hast und dann zusammenklappst.“
> *Mirja Gerlach, Geschäftsführerin*

Nachfolgerinnen in Familienunternehmen haben einen besonderen Stand: Zum einen sind sie Chefin mit voller Verantwortung, zum anderen Tochter von entscheidungsfreudigen Vätern, in seltenen Fällen auch Müttern. Hinzu kommt, dass die älteren Herren sich häufig mit Haut und Haaren dem Unternehmertum verschreiben. Um ihre Kinder haben sie sich selten gekümmert, weil ihre Frau ihnen den Rücken freihielt und Familie, Haus und Garten managten. Rücken Töchter nun gleichberechtigt an die Seite ihres Vaters, fehlt ihnen nicht selten das Verständnis für die neuen starken Frauen im Unternehmen.

Sophia von Rundstedt kennt das aus vielen Beispielen und Erzählungen. Deshalb war es ihr wichtig, dass die Zuständigkeiten klar geregelt waren, als sie Chefin wurde. Die Juristin hatte eine internationale Großkanzlei verlassen, um in das Familienunternehmen einzusteigen. Einige Jahre arbeitete sie unter der Führung ihres Vaters im Vertrieb. Als sie 2011 die Geschäftsführung des gleichnamigen Personalberatungsunternehmens mit 300 Mitarbeitern übernahm, bat sie ihren Vater Eberhard, den Firmengründer, seinen Schreibtisch woanders aufzustellen. Er mietete sich ein Büro in einer befreundeten Kanzlei. Als Rauswurf will Sophia von Rundstedt, selbst Mutter zweier Kinder, diesen Schritt keineswegs verstanden wissen. „Mir war aber wichtig, dass mein Vater loslassen kann, deshalb sollte er nicht wie gewohnt weiter in seinem Büro sitzen. Ich wollte dem Unternehmen meinen eigenen Stempel aufdrücken können", betont sie.

Und wie geht das, Sophia, eine 300-Mitarbeiter-Firma mit zwei schulpflichtigen Kindern zu führen – während der eigene Partner ebenfalls unternehmerisch tätig ist?

Sophia von Rundstedt: „Als meine Tochter klein war, führte mein Vater noch das Unternehmen – und ich arbeitete zunächst eine Weile in Teilzeit. Das funktionierte aber nicht gut. Wenn man wie ich damals im Kundenkontakt ist, muss man doch irgendwie immer erreichbar sein. Heute habe ich es da als Geschäftsführerin schon sehr viel einfacher, weil ich nicht mehr erste Ansprechpartnerin für Kunden bin.

Ich habe den Luxus, mir die Zeit so einzuteilen, dass ich beispielsweise bei wichtigen Terminen meiner Kinder dabei sein kann. Interessanterweise war es meine Mutter, die skeptisch war: Vollzeit bei zwei kleinen Kindern, daran musste sie sich erst gewöhnen. Sie selbst hatte immer eine halbe Stelle als Lehrerin."

Wie reagieren deine Mitarbeiter, wenn die Chefin wegen der Termine ihrer Kinder früher Schluss macht?

Sophia von Rundstedt: „Wir haben keine Präsenzkultur in unserem Unternehmen. Es gibt keine soziale Kontrolle dahingehend, wann jemand kommt oder geht. Trotzdem finde ich es wichtig, auch als Geschäftsführerin offen damit umzugehen.

Eine Bekannte erzählte mir vor einer Weile, dass die Partner ihrer Sozietät ohne mit der Wimper zu zucken während ihrer Arbeitszeit ein neues Auto Probe fahren. Interessanterweise schreiben sie solche Termine nicht in den Firmenkalender. Ich gehe damit anders um: Wenn ich einen Termin mit meiner Tochter habe, notiere ich ihn in meinem Kalender. Weil es Vorbildcharakter hat."

Glaubst du, etablierte Unternehmen können sich damit arrangieren?

Sophia von Rundstedt: „Ob sie nun wollen oder nicht: Moderne Arbeitgeber müssen sich auf sich ändernde Anforderungen und Erwartungen einstellen. Mitarbeiter fragen mit Anfang 30 schon im Vorstellungsgespräch nach Work-Life-Balance und Sabbatical. Für Männer ist es heute normal, dass sie mindestens zwei Monate Elternzeit nehmen. Junge Väter kommen wie selbstverständlich mit dem Kinderwagen zu Besuch. So etwas war doch noch vor zehn Jahren undenkbar."

Was ist sonst noch wichtig, damit du die Balance zwischen Job und Familie hinbekommst?

Sophia von Rundstedt: „Make your partner a real partner: Damit hat die Facebook-Managerin und Buchautorin Sheryl Sandberg es sehr gut auf den Punkt gebracht: Hausarbeit und die Aufgaben innerhalb der Familie müssen zwischen den Lebenspartnern fair geteilt werden. Manche Männer glauben immer noch, dass sie sich vor den Aufgaben drücken können, so lange sie mehr Geld verdienen. Damit sich das ändert, müssen Frauen diesen Konflikt zu Hause austragen. Die Diskussion um mehr Frauen in Führungspositionen beginnt am Küchentisch."

8. Warum immer ich?
Aufgabenteilung in der Partnerschaft

„Die wichtigste Karriereentscheidung im Leben einer Frau ist die Wahl des Partners." Dieses Zitat der „Lean-In-Autorin" und Facebook-Managerin She-ryl Sandberg gehört zu den Statements, die in den Interviews für das vor-liegende Buch am häufigsten genannt wurden. Weil alle Working Moms erfahren haben, dass eine Karriere mit − kleinen − Kindern ohne die Unterstützung und den Rückhalt des eigenen Partners ungleich schwieri-ger und anstrengender ist.

Tatsächlich sind die Rollenbilder von Frauen und Männern sehr festge-legt. In der westlichen Welt ist die Hausarbeit noch immer wie vor 50 Jah-ren verteilt, sagte der Autor des Weltentwicklungsberichts der Vereinten Nationen, Selim Jahan, Anfang des Jahres in einem Interview: *„Kommen die Frauen von der Arbeit nach Hause, fragen sie als erstes nach den Kindern. Kommen die Männer heim, genehmigen sie sich als erstes ein Bier."* Er zitiert eine Studie aus den USA, nach der Männer 1965 exakt zehn Minuten täglich mit ihren Kindern verbrachten, Frauen 219 Minuten. Fünf Jahrzehnte später kom-men Frauen immer noch auf 218 Minuten, Männer auf 20 Minuten. Dieses magere Ergebnis feiern Väter stolz als Verdoppelung ihres Einsatzes, fügt Jahan hinzu.

Auch in Bezug auf ihre berufliche Entwicklung haben Frauen wie Män-ner sehr starre Bilder im Kopf. Marion Büttgen, Professorin für Unter-nehmensführung an der Universität Hohenheim, hat im Herbst 2015 in einer Befragung von 1.400 Führungs- und Nachwuchskräften samt ihren Lebenspartnern herausgefunden, dass die Karriere des Mannes immer noch als wichtiger angesehen wird als die Laufbahn der Frau. Zieht ein Paar beispielsweise um, heißt es in der Studie über den Einfluss des Part-ners auf die Karriereentscheidung, ist es auch den Frauen wichtiger, dass ihr Partner am neuen Wohnort einen passenden Job findet. Der Grund dafür könnte die Familienplanung sein sowie die Tatsache, dass die meis-ten Männer mehr verdienen als ihre Frauen. Das Interessante daran: Manchmal sind sich die Lebenspartner der eigenen Rollenbilder gar nicht bewusst und übernehmen unbewusst Verhaltensweisen und Ansichten, die sie eigentlich gar nicht vertreten.

Die Studien-Autorin rät daher zu einem simplen Rezept: miteinander reden. Ihrer Erfahrung nach, spielen Paare viel zu selten Was-wäre-wenn-

Szenarien durch oder gehen vor wichtigen Entscheidungen offen mit den eigenen Erwartungen und Ängsten um.

Gerade bei einer so wichtigen Entscheidung wie der, wer beim ersten Kind in Elternzeit geht oder gegebenenfalls beruflich zurücksteckt, ist dies allerdings unerlässlich. Nachfolgend berichten einige Working Moms, welche Lösungen sie im Hinblick auf ihr berufliches Engagement finden – und wie sie sich die Aufgaben in der Familie und im Haushalt mit ihrem Partner aufteilen.

„Unsere Familie": Luisa aus München, sechs Jahre

Powerpaare: Mutter Vollzeit, Vater Vollzeit

Inga Draeger weiß, wie wichtig die Kommunikation mit dem Lebenspartner ist – und tauscht sich deswegen kontinuierlich mit ihrem Mann über wichtige berufliche Entscheidungen aus – ihr Portrait als junge Mutter findet sich ganz am Anfang des Buches. Für ihren aktuellen Job als Managerin beim Verband Pro Generika hat sich die 33-Jährige nach vielen Gesprächen mit ihrem Partner entschieden. Als Kommunikationswissenschaftlerin war sie lange in der Agenturszene tätig und arbeitete über Jahre auf einen Karrieresprung hin: Sie machte berufsbegleitend einen MBA, unter anderem während einer einjährigen Elternzeit nach der Geburt ihres ersten Kindes.

Im Sommer 2015 ist ihr der Schritt aus der Agenturrolle in die Verbandsaufgabe — dicht dran an den Pharmaherstellern — gelungen. Ihr Mann hatte seine berufliche Entwicklung im Vorfeld darauf ausgerichtet: Als ehemaliger Mitarbeiter des Grünen-Politikers Fritz Kuhn lagen ihm nach dessen Wechsel in das Stuttgarter Oberbürgermeisteramt zwei spannende Angebote in Berlin vor: eine herausfordernde Position in der Gesundheitswirtschaft oder eine zeitlich flexiblere Referentenstelle in einer öffentlichen Körperschaft. „Wir haben lange diskutiert und die Vor- und Nachteile gegeneinander abgewogen", erinnert sich Inga Draeger. „Schließlich hat sich mein Mann für die zweite Option entschieden. Auch weil sie familienkompatibler ist."

Zwei vergleichsweise neue, zeitlich herausfordernde Tätigkeiten — da waren sich beide einig — würde die kleine Familie nicht meistern. In seiner aktuellen Position hat ihr Mann eine 38,5-Stunden-Woche und kann Überstunden von Abendterminen durch Freizeit ausgleichen. So bringt Inga Draeger den dreijährigen Sohn gewöhnlich morgens in die Kita, ihr Mann holt den Jungen nachmittags ab. Außerdem nimmt er bald ein Jahr Elternzeit, weil das Paar diesen Sommer zum zweiten Mal Nachwuchs bekommen hat. Inga Draeger kehrt nach drei Monaten zurück in den Job und wird nach weiteren zwei Monaten wieder Vollzeit arbeiten. „Wir haben beide ein Interesse daran, dass jeder von uns Karriere macht", sagt sie.

Gleichwohl weiß sie, dass ihr Mann mit seiner Bereitschaft, für die Familie zurückzustecken, noch immer in der Minderheit ist. „Ich schätze es sehr, dass mein Mann sich genauso für unsere Familie engagiert. Er ist stolz darauf, dass er mir eine Karriere und uns dieses tolle Familienleben ermöglicht." Und ohnehin bedeutet es nicht, wenn er jetzt zurücksteckt, dass er es sein Berufsleben lang tun wird. Die nächste berufliche Herausforderung, davon geht Draeger aus, wird ihr Mann annehmen.

TIPP „Zwei zeitlich herausfordernde Tätigkeiten überfordern eine Partnerschaft. Deshalb achten mein Mann und ich bewusst darauf, dass wir nicht zeitgleich einen Karrieresprung machen."

Inga Draeger, Managerin

Caroline Gilles hat ebenfalls die Erfahrung gemacht, dass der offene Austausch mit dem Partner das Leben einfacher macht — auch in alltäglichen Dingen. Weil die Düsseldorfer Juristin genauso wie ihr Mann Vollzeit arbeitet, findet sie es wichtig, dass sie die Eltern- und Familienaufgaben fair verteilen. Der Haken an der Sache: „Mütter leben ständig in Parallelwelten. Bei der Arbeit denken sie nebenbei daran, welches Karnevalskostüm die Jüngste tragen könnte, in der Mittagspause besorgen sie schnell ein Geschenk für die Geburtstagseinladung der Tochter", sagt Gilles. „Bei uns Frauen läuft ständig eine Art Film im Hinterkopf mit – bei Vätern ist das seltener der Fall." Zumindest habe sie noch nie davon gehört, fügt sie schmunzelnd hinzu.

Doch statt sich darüber zu ärgern, empfiehlt sie, dem Partner kleine Gedankenstützen und Erinnerungen zukommen zu lassen. Ein Anruf am Morgen, eine Textnachricht in der Mittagspause: Stetige Kommunikation, statt alles selbst zu übernehmen und frustriert zu sein, ist ihre Maxime. Dogmatisch sieht die Juristin die Aufgabenteilung ohnehin nicht. Ihr Mann ist von Anfang an in alle Themen miteinbezogen: Adventskalender, Anziehsachen, Arztbesuche. Immer wieder teilen sie die kleinen Projekte nach persönlichen Stärken oder ganz praktischen Fragen auf, zum Beispiel, „Wer kann in der Mittagspause etwas einkaufen?" Ihr Mann ist Frühaufsteher, daher macht er morgens Frühstück und Pausenbrote für die Kinder und bringt sie in die Schule, sie selbst übernimmt das Abendessen. Geschäftsreisen werden abgestimmt. Wenn ein Kind krank ist, besprechen sie jedes Mal aufs Neue, wer gegebenenfalls den wichtigeren Termin hat. Eine Regelung nach Schema F gibt es nicht.

Dennoch findet Caroline Gilles es wichtig, dass die Gespräche des Paares nicht zu Organisations-Meetings verkommen. Wichtige Geschäftsreisen oder andere wichtige Termine tragen sie deshalb möglichst lange im Voraus in einen Familienkalender in der Küche ein. Der Kinderfrau ihrer zwei Töchter, 13 und zehn Jahre alt, schreiben sie morgens einen kurzen Brief, was anliegt und zu erledigen ist. Abends, nach Feierabend, wenn sie beispielsweise zusammen in der Sauna sitzen, bespricht das Paar solche Themen aus Prinzip nicht. „Ich mag es nicht, wenn die Planerei den ganzen Alltag bestimmt und man als Paar alles so geschäftsmäßig abhandelt", sagt sie.

TIPP „Damit die Gespräche mit meinem Mann nicht zu Organisations-Meetings verkommen, erledigen wir Absprachen tagsüber durch Anrufe oder kurze Textnachrichten. Ich erinnere ihn auf diese Art gerne an kleine Erledigungen. Das funktioniert besser, als alles selbst zu machen – und sich am Ende darüber zu ärgern."

Caroline Gilles, Unternehmens-Juristin

Caroline Gilles und ihr Mann fahren gut mit der gleichberechtigten Aufteilung. Seit langem ist es ihr nicht mehr in den Sinn gekommen, ihre Vier-Tage-Woche — die oft zur Fünf-Tage-Woche wird — gegen einen Halbtagsjob einzutauschen. Die Kinderbetreuung, schickt sie vorweg, muss top sein: liebevoll und zuverlässig. Ist das gegeben, würde sie Müttern immer raten, Vollzeit oder vollzeitnah zu arbeiten und sich möglichst viel Unterstützung für zu Hause zu holen: eine Kinderfrau, eine Putzfrau oder auch eine Haushälterin.

Klar, das kostet Geld — und manchmal frisst es den Verdienst eines Elternteils auf. Aber: „Das ist eine gute Investition in die Zukunft", meint die 44-Jährige. Irgendwann übersteige das eigene Einkommen hoffentlich die Kosten dieser Dienstleistungen. Sie findet aber einen ganz anderen Aspekt wichtig: „Das anstrengendste Modell ist doch das der Halbtags-Berufstätigen: Sie ist volle Hausfrau und Mutter, muss sich um alles zu Hause kümmern — inklusive des Mama-Taxis, den Fahrdiensten zu den verschiedenen Hobbys der Kinder, und hat im Job permanent das Gefühl, der Aufgabe nicht gerecht zu werden. Diese Konstellation ist sehr aufreibend, da man oft in Hetze und Zeitnot ist."

Ortswechsel nach München: Karin Bernlochner hat einen anderen Glaubenssatz. Für sie sind Männer der Schlüssel zur Vereinbarkeit von Beruf und Familie. Die Projektmanagerin arbeitet im Start-up-Umfeld, ihr Mann ist Berater bei einer großen Unternehmensberatung. Ihr Modell sieht so aus, dass die 33-Jährige sich von montags bis donnerstags hauptverantwortlich um ihre zwei Kinder kümmert, während er unter der Woche meist an einem anderen Standort tätig ist. Die Großeltern der Kinder unterstützen sie an einem Nachmittag oder wenn die Kleinen krank sind. Kommt ihr Mann donnerstags zurück nach München, ist er so rechtzeitig dran, dass er am Nachmittag die Betreuung der Kinder übernimmt — und Karin Bernlochner länger im Büro bleiben kann.

Immer wieder kommt es vor, dass dringende Projekte seinen Rückflug verzögern könnten. Dann möchte er mit seiner Frau verhandeln, dass sie für ihn einspringt und die Kinderbetreuung übernimmt. „Auch wenn ich es könnte: Ich will es nicht. Ich sage ihm dann, er soll mit seinem Chef diskutieren, dass er seine Kinder aus der Kita abholen muss." Sie findet es wichtig, dass Männer ihre Verantwortung für die Kinder auch am Arbeitsplatz anbringen — und nicht einen Handwerkertermin oder ähnliches vorschieben. „Wenn die Männer sich nicht auch für die Vereinbarkeit von Karriere und Familie einsetzen, wird sie nie möglich werden."

Damit spricht sie auch ein Dilemma an, dass es eigentlich nicht mehr geben dürfe: „Für Frauen wie uns gibt es Jobs, die unseren Qualifikationen entsprechen, die aber 60 Stunden pro Woche einnehmen. Und es gibt Teilzeitjobs, die uns weit hinter unseren Qualifikationen zurücklassen. Wann ändert sich das endlich?"

Susan Kock geht mit skandinavischer Gelassenheit an das Thema heran. „Es hilft", sagt sie. „wenn man sich nicht ständig fragt, ob es gut ist, dass man Vollzeit arbeitet. Wir Däninnen stellen uns die Frage gar nicht. Es ist normal." Zusammen mit ihrem — deutschen — Mann hat sie drei Kinder. Beide arbeiten Vollzeit, zu Hause haben sie Unterstützung von einer Kinderfrau, die seit vielen Jahren für sie tätig ist. Noch etwas unterscheidet das dänische Arbeitsleben vom hiesigen, sagt sie: „In Dänemark kommen die Männer zu einer Zeit nach Hause, zu der sie noch am Familienleben teilhaben können. In Deutschland ist das Gegenteil der Fall", hat die 43-Jährige beobachtet. „Ist das erste Kind auf der Welt, gehen die Männer später als ohnehin schon von der Arbeit nach Hause."

Eine Studie des Bundesinstituts für Bevölkerungsforschung belegt das: Hiesige Väter verbringen mehr Zeit im Büro als Männer ohne Kinder. 25- bis 39-Jährige mit Kindern arbeiten im Schnitt zwei Stunden länger pro Woche, 40- bis 59-Jährige sogar fast fünf Stunden. Bei kinderlosen Männern nimmt die Zahl der Wochenstunden ab dem 40. Lebensjahr kontinuierlich ab, bei Vätern steigt sie nochmals leicht an.

Noch etwas macht Familie Kock womöglich anders als andere Eltern: Dem Freizeitstress am Wochenende entsagt sie sich. Der Pharma-Managerin fällt auf, dass sich andere Mütter oft selber unter Druck setzen, um möglichst tolle Ausflüge oder ähnliches am Wochenende zu machen. „Ich brauche das nicht und unsere Kinder fragen von sich aus auch nicht danach." Sie sind froh, wenn sie wissen: Mama und Papa sind von freitags bis sonntags komplett für sie da — zu Hause.

Inzwischen ist es schon ein Ritual, dass ihr Mann beispielsweise sonntags um elf Uhr mit den Kindern in den Park geht, um dort zusammen mit anderen Vätern und ihrem Nachwuchs Fußball zu spielen. Für die Kinder ist das ein Highlight, erzählt Kock. Und damit es nicht langweilig wird, ist stets mindestens ein Freund eines der Kinder dabei. „Ob drei oder vier, das macht keinen Unterschied. Aber so streiten sie weniger", sagt die Dänin schmunzelnd.

Vollzeit light? Mutter Teilzeit, Vater Teilzeit

Ähnlich wie Inga Draeger und ihr Mann ihre berufliche Entwicklung aufeinander abstimmen (siehe Kapitel „Mutter Vollzeit, Vater Vollzeit", S. 104), so arrangiert Claudia Weiss mit ihrem Partner ihre Arbeitszeit: Zusammen wollen sie nicht weniger als 160 Prozent — gemessen an zwei Vollzeitstellen — und nicht mehr als 180 Prozent arbeiten. Selbstredend ist es nicht einfach, die Arbeitsumfänge bei zwei verschiedenen Arbeitgebern flexibel anzupassen, aber dem Paar ist es schon mehrfach gelungen.

Bemerkenswert ist dabei die Herangehensweise von Claudia Weiss, studierte Betriebswirtin, langjährige Beraterin und Mutter von zwei schulpflichtigen Kindern. Nach Stationen beim Versandhaus Quelle und der Unternehmensberatung Accenture war sie zuletzt in eher kleinen Beratungsboutiquen tätig. Ihnen verkauft die 44-Jährige ihren Wunsch nach Teilzeitarbeit als Flexibilitätsvorteil, weil sie ihre Arbeitszeit nach Auslastung situativ anpasst. „Ich verändere meine Stundenzahl nicht monatlich je nach Auslastung", sagt die Hamburgerin, „aber ich bin bereit, zehn bis zwanzig Prozent herauf- oder herunterzugehen, falls sich die Auftragslage grundsätzlich verändert. Gerade für kleinere Arbeitgeber ist das sehr interessant." So variierte ihre Arbeitszeit in den vergangenen zehn Jahren zwischen 20 und 90 Prozent, wobei ihr „Wohlfühlgebiet", wie Claudia Weiss es nennt, bei 60 bis 80 Prozent liegt.

Diese flexible Herangehensweise funktioniert insbesondere deshalb so gut, weil ihr Mann in den vergangenen Jahren als Berater ebenfalls die Möglichkeit hatte, seine Arbeitszeit flexibel zu gestalten. Seit vergangenem Frühling trifft das für ihn als Selbständigen noch viel stärker zu. Die Tatsache, dass beide ungefähr gleich viel verdienen, erleichtert ein solches Modell zusätzlich. Einen Vorlauf von zwei bis drei Monaten brauchte das Paar, um ihren Arbeitsumfang zu verändern und beim jeweiligen Arbeit- beziehungsweise Auftraggeber abzusprechen.

Mit diesem Modell hat Claudia Weiss es bis zur Partnerin bei der Boutique-Beratung Company Companions gebracht. Als Beraterin begleitet sie bei ihren vorwiegend mittelständischen Kunden unterschiedlichster Branchen strategische Veränderungsprojekte, angefangen von der Strategieentwicklung bis hin zur Implementierung neuer Organisationskonzepte und Führungsansätze sowie den damit einhergehenden Kulturwandel. Ihren Ansprechpartnern in den Unternehmen kommuniziert sie ihr Arbeitskonstrukt offen und transparent. Negative Reaktionen hat sie deshalb noch nicht bekommen, viel eher bringen ihr die Führungskräfte neugierige Offenheit entgegen.

„Manchmal muss Mama auch am Wochenende arbeiten": Lola aus Hamburg, zehn Jahre

Ihrem Arbeitgeber gegenüber fühlt sie sich in einer guten Verhandlungsposition: Anders als viele Teilzeitbeschäftigte erledigt sie Überstunden nicht stillschweigend, sondern macht ihren Chef darauf aufmerksam, dass die Auftragslage offensichtlich so gut ist, dass ihre Arbeitszeit — und damit auch ihr Gehalt — angehoben werden müssten. Willigt der nicht ein, was durchaus schon vorgekommen ist, achtet Weiss stärker darauf, dass sie im vereinbarten Zeitrahmen arbeitet. Vor internen Besprechungen geht sie dann beispielsweise nach Hause und macht früher Feierabend.

Um auch mal das eigene Tun kritisch zu reflektieren, hat Weiss einen guten Tipp von einem ihrer Vorgesetzten aus der Beratung übernommen: Dieser trug sich regelmäßig sogenannte MMM-Termine in seinen Kalender ein: Meeting mit mir. So nannte er Nachmittage oder ganze Tage, an denen er sich zur Reflexion und persönlichen Standortbestimmung zurückzog. Diese kommuniziert er sehr selbstbewusst gegenüber seinen Mitarbeiterinnen und Mitarbeitern.

Grundvoraussetzung für Weiss' atmendes Teilzeitmodell: Die Familie hat ihre Kinderbetreuung so organisiert, dass sie auch bei einer Vollauslastung beider Elternteile gut funktioniert. Familie Weiss hat immer eine Kinderfrau — es war auch schon mal ein Kindermann —, die zwei Nachmittage mit dem achtjährigen Sohn und der elfjährigen Tochter verbringt. Auch Großeltern und Freunde springen ein, wenn Mutter und Vater ausnahmsweise mal zeitgleich auf Geschäftsreise sind.

Ihrer Partnerschaft tut diese Flexi-Regelung allemal gut, sagt die Beraterin. Genauso eng, wie sie sich in Arbeitszeitfragen absprechen, genauso gleichberechtigt teilen sie sich die Arbeiten in der Familie auf. Wichtig ist aber nicht, was oder wie viel jeder Einzelne tut, betont sie, sondern dass sich beide Partner mit Respekt und auf Augenhöhe begegnen: „Dies ist natürlich sehr viel einfacher, wenn der eine nicht vom anderen abhängig ist."

TIPP „Es tut unserer Familie gut, dass mein Mann und ich unseren Arbeitsumfang flexibel aufeinander abstimmen können. Zusammen wollen wir nicht weniger als 160 Prozent und nicht mehr als 180 Prozent arbeiten — gemessen an zwei Vollzeitstellen."

Claudia Weiss, Beraterin

In der Familie Jochum arbeiten Mutter und Vater ebenfalls vollzeitnah Teilzeit, allerdings mit gleichbleibenden Stunden. Beide haben nach der Geburt ihrer Zwillinge vor zweieinhalb Jahren auf 35 Stunden reduziert. Um etwas mehr Spielraum zu haben und sich eine gewisse Flexibilität zu ermöglichen. Bei Andrea Jochum, Leiterin der Kommunikationsabteilung bei einer Talent- und Karriereberatung, war diese Reduktion in der Firma kein Problem. Bei ihrem Mann, einem Angestellten in einer kleinen Kommunikationsagentur, schon eher. „Die Zustimmung war anfangs groß, in der konkreten Umsetzung fehlte den kinderlosen Kollegen aber leider das Verständnis. So arbeitet mein Mann deutlich mehr als geplant — er ist eben der erste Ansprechpartner seiner Kunden."

„Dass der geplante Feierabend um 16 Uhr beispielsweise keine vage Idee ist, sondern ein Zeitpunkt, zu dem mein Mann unsere Kinder abholen muss, egal ob ein Kunde noch einen Eilauftrag schickt, haben seine Kollegen erst langsam gelernt", erzählt Andrea Jochum. Mal können solche Arbeiten auf den nächsten Tag verschoben werden, häufig muss sich ihr Mann aber auch nachmittags oder abends nochmals an den Schreibtisch setzen. Genau wie Andrea Jochum auch, wenngleich solche Feuerwehreinsätze in ihrem Job deutlich seltener vorkommen.

TIPP „Ich möchte allen Müttern raten: Löst euch von der Idee, dass ihr automatisch mehr für die Kinder verantwortlich seid als die Väter."

Andrea Jochum, Leiterin Kommunikation

Dieses Jonglieren zwischen Arbeit und Kindern ist es den Jochums aber wert. So können beide ihre qualifizierten Tätigkeiten weiter ausüben, ohne länger zu pausieren und gegebenenfalls den Anschluss zu verlieren. Bei der Betreuung ihrer Zwillinge kommen sie mit einer städtischen Kindertagesstätte und den Großeltern an bestimmten Nachmittagen und bei Geschäftsreisen aus. Andrea Jochum ist stolz darauf, dass sie und ihr Mann ebenbürtige Bezugspersonen für ihre Kinder sind: Fällt ein Kind hin oder ist nach einem Streit unglücklich, ist es nicht die Mutter, an die es sich automatisch wendet. „Ich oder mein Mann — das ist unseren Kindern egal. Bei den meisten Themen sind wir für sie austauschbar. Es ist sogar so, dass mein Mann in vielen Fällen bevorzugt wird und sich auch deutlich mehr zutraut als ich."

Dass ihr Mann so gut mit ihr an einem Strang zieht, hält die 34-Jährige nicht für eine Selbstverständlichkeit. Tatsächlich war es ein längerer Weg, sich gemeinsam für dieses Modell zu entscheiden. Beide sind mit den typischen Rollenbildern aufgewachsen: Mutter Hausfrau, Vater Alleinverdiener. Dass es auch anders gehen könnte und dass Andrea Jochum es anders wollte, hat sie in vielen Gesprächen vor der Schwangerschaft deutlich gemacht: „Wenn wir gemeinsam Kinder haben wollen, müssen wir eine gemeinsame Lösung finden", war ihre Botschaft. „Besser wir haben vorher Gespräche und Diskussionen, als dass wir hinterher feststellen, unsere Vorstellungen unterscheiden sich stark."

TIPP „Warum setzen sich Mütter gegenseitig unter Druck? Manche machen sich selber wahnsinnigen Stress, sogar bei der Freizeitgestaltung am Wochenende."

Susan Kock, Pharma-Managerin, Lilly

Rollentausch: Mutter Vollzeit, Vater Teilzeit

Väter, die Teilzeit arbeiten, gehören noch immer zu einer eher seltenen Spezies: Knapp sechs Prozent reduzieren ihre Arbeitszeit, wenn sie Kinder bekommen. Gehen diese zur Schule, arbeiten noch gut vier Prozent mit reduzierter Stundenzahl. Die Gründe, warum sie das tun, unterscheiden sich allerdings stark von den Begründungen, die Mütter anführen: Laut aktuellsten Zahlen aus dem Mirkozensus 2012 geben vier von fünf Müttern familiäre und persönliche Gründe an — also etwa die Betreuung von Kindern oder die Pflege von Angehörigen. Bei den Männern ist das nur für einen von vier teilzeitbeschäftigten Vätern der Grund. Häufiger arbeiten sie reduziert, weil sie schlicht keine Vollzeitstelle finden (38,5 Prozent). Unter den Teilzeit-Müttern ist dies nur für 7,6 Prozent der Grund.

Das Erstaunliche an den Zahlen: Sie zeigen keine Orientierung der Väter hin zu mehr Familienarbeit — im Gegenteil. Laut Mikrozensus 1996 war es noch einer von drei Teilzeit-Vätern, die Kinderbetreuung als Grund für ihre reduzierte Arbeit angab.

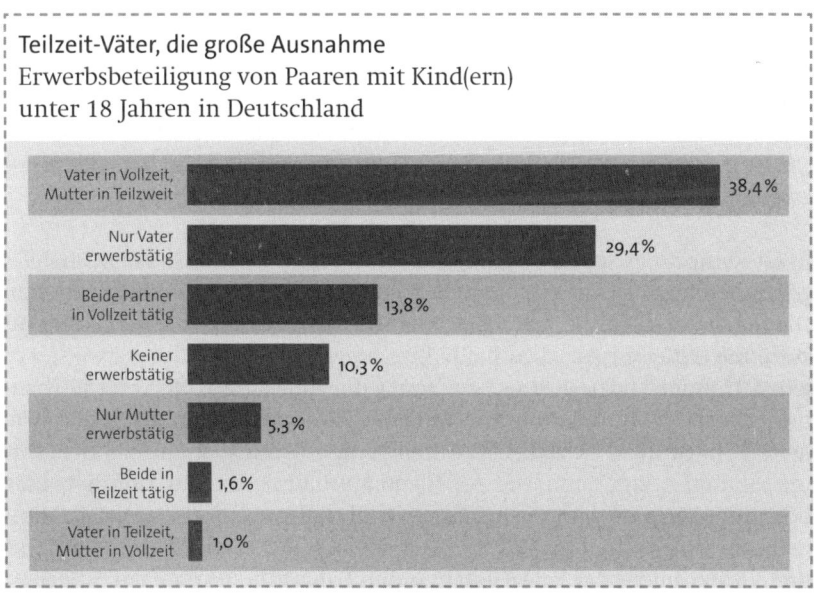

Teilzeit-Väter, die große Ausnahme
Erwerbsbeteiligung von Paaren mit Kind(ern)
unter 18 Jahren in Deutschland

Vater in Vollzeit, Mutter in Teilzweit	38,4 %
Nur Vater erwerbstätig	29,4 %
Beide Partner in Vollzeit tätig	13,8 %
Keiner erwerbstätig	10,3 %
Nur Mutter erwerbstätig	5,3 %
Beide in Teilzeit tätig	1,6 %
Vater in Teilzeit, Mütter in Vollzeit	1,0 %

Basis: 6,45 Mio. Paare mit Kind(ern) unter 18 Jahren;
Quelle: Statistisches Bundesamt

Anke Bytomski-Guerrier, Abteilungsleiterin bei den Berliner Verkehrsbetrieben, ist mit einem dieser Ausnahme-Männer verheiratet. Seit der Geburt ihrer gemeinsamen Tochter vor fünf Jahren hat er seine Arbeitszeit flexibel auf 20 bis 30 Stunden pro Woche reduziert. Weil das in seinem vorherigen Job als angestellter Projektleiter problematisch war, wechselte er in die Freiberuflichkeit und ist heute selbständiger Berater. Mit 60 bis 70 gemeinsamen Wochenarbeitsstunden bekommt das Paar sein Familienleben gut geregelt. Die promovierte Wirtschafts- und Sozialwissenschaftlerin hat nämlich zwei Söhne, 15 und 12 Jahre alt, mit in die Ehe gebracht, ihr Mann zwei Töchter, 23 und 18 Jahre.

Und auch wenn die Älteste nicht mehr bei ihnen wohnt, ist das Haus stets voll und die Themen mannigfaltig: Die Kleinste will spielen und vorgelesen bekommen, die Älteste hat Probleme mit ihrem Rechner, der Zwölfjährige protestiert, weil er als Einziger von den „Großen" kein eigenes Zimmer für sich alleine hat, und die mittlere Tochter ist unzufrieden, weil sie keine Party feiern darf.

„Bei uns ist immer was los", sagt Anke Bytomski-Guerrier lachend. Aber gerade weil beide Partner bereits eine gescheiterte Beziehung hinter sich haben, achten sie sehr darauf, dass beide mit der Rollenverteilung in der Partnerschaft zufrieden sind. Regelmäßig tauschen sie sich über ihre Vorstellungen und Alltagskonflikte aus: Jeden Dienstagabend verabreden sie sich auf eine Pizza oder eine Radtour und unterhalten sich mal nur zu zweit.

Es ist keineswegs so, dass sämtliche Familienarbeit und Haushaltsangelegenheiten an dem Vater hängenbleiben, weil die Mutter Vollzeit arbeitet. Die Patchwork-Familie hat einen kleinen Stab an Helfern und Unterstützern, die dafür sorgen, dass beide Eltern genügend Freiraum bekommen: Jeden Donnerstag holt eine Ersatzoma die Jüngste aus der Kita ab, verbringt den Nachmittag mit ihr und liefert sie erst zum Schlafengehen wieder zu Hause ab — was das Mädchen genießt, weil sich einmal alles nur um sie dreht. Eine Frau aus der Nachbarschaft — die der Familienvater beim Rückensport „akquiriert" hat — hilft mehrmals pro Woche als Minijobberin im Haushalt und ist inzwischen ein halbes Familienmitglied. Hin und wieder bucht das Paar freitags einen Babysitter, um tanzen zu gehen oder sich mit Freunden zu treffen. Und einmal die Woche hilft ein Nachhilfelehrer einem der Söhne beim Lernen.

Das alles reicht aber nicht, damit sich das Paar nach der Büroarbeit zurücklehnen könnte. Allein das Waschen und Bügeln der Wäsche ist in einer sechs- bis siebenköpfigen Familie ein Vollzeitjob. Der Vater übernimmt hauptsächlich die Betreuung der kleinen Tochter, außerdem ist er Hausaufgaben- und Lernpate des jüngeren Sohnes und selbstredend Ansprechpartner für seine mittlere Tochter, die wechselweise in der Patchwork-Familie und bei ihrer Mutter wohnt.

Durch ihre Stelle bei den Berliner Verkehrsbetrieben ergeben sich für Anke Bytomski-Guerrier neue Anforderungen. Ihre vorherige Position als kaufmännische Geschäftsführerin in der Sozialwirtschaft konnte sie mit einem 75-Prozent-Vertrag ausfüllen, an die Vollzeit-Tätigkeit als Controlling-, Marketing- und Vertriebsleiterin bei den Berliner Verkehrsbetrieben musste sie sich erst gewöhnen. Zwei Tage arbeitet sie von 8 bis 18 oder 19 Uhr, den Rest der Woche versucht sie, um 15 Uhr Feierabend zu machen.

Andere Branche, andere Bedingungen: Die Hamburgerin Henrike Diers ist als Ingenieurin bei Siemens tätig. Ihre Arbeitszeiten: täglich bis sechs, halb sieben, nur freitags kann sie etwas früher Schluss machen. Dafür hat ihr Mann als Kinderneurologe die Freiheit, seinen Tag flexibler zu gestalten und übernimmt die Abholung ihres fünfjährigen Sohnes aus der Kita oder bringt ihn nachmittags zum Sport oder anderen Aktivitäten. „Man kann schon sagen, dass mein Mann mir den Rücken freihält", sagt Diers. „Allerdings ist es nicht so, dass ich immer Vorfahrt hätte." Ist der Sohn beispielsweise krank, teilt sich das Paar die Betreuungstage auf. Ist es für beide schwierig, bei der Arbeit zu fehlen, reisen die Großeltern des Jungen an, um sich um ihn zu kümmern.

Diers fühlt sich privilegiert, weil ihr Mann seine Arbeitszeit leicht reduziert hat und sie sich ganz auf ihre Karriere konzentrieren kann. Sie hat es sogar geschafft, neben ihrer Vollzeitstelle ein nebenberufliches Studium draufzusatteln. Seit vorigem April hat sie einen MBA-Abschluss in der Tasche.

Ina Steidl hat eine andere Rollenaufteilung mit ihrem Mann: Sie ist die Hauptverdienerin, er als selbständiger Architekt stärker von Projektarbeit abhängig. Daher war es während der Schwangerschaft fast schon klar, wie sie die Kinderbetreuung regeln wollten: Die geschäftsführende Gesellschafterin einer Personalberatung mit zehn Mitarbeitern arbeitet Vollzeit, ihr Mann übernimmt die Betreuung ihrer zwei kleinen Mädchen, sechs und zwei Jahre alt, am Nachmittag — abwechselnd mit einer Kinderfrau. Dennoch versucht die Unternehmerin, möglichst viel Zeit für die Familie freizuschaufeln. Am Morgen bringt sie die Mädchen in Schule und Kita, jeden Donnerstag verlässt sie ihr Büro zur Mittagszeit. Die Frankfurterin achtet darauf, dass sie nicht mehr als zwei Abendtermine pro Woche hat und dass sie bei Geschäftsreisen maximal einmal im Monat auswärts übernachtet.

„Ich und meine Schwester vor unserem Haus, von Papa gebaut": Helene aus Frankfurt, sechs Jahre

Es ist ihr wichtig, trotz allem dicht am Alltag der Töchter zu sein. Dennoch weiß sie, wann sie ihrem Mann das Feld überlassen sollte: Wenn er zuständig ist, versucht sie, sich nicht einzumischen. Mag sein, dass er den Mädchen kunterbunt gemixte Kleider anzieht oder Matschhosen bei Sonnenschein – die Mutter hält sich zurück. „Natürlich fallen mir hin und wieder Dinge auf, die ich anders machen würde. Aber sei es drum…" Sie sieht es pragmatisch: Als ihr Mann kürzlich vergaß, der Sechsjährigen eine Trinkflasche zum Sport einzupacken, beschwerte die sich hinterher lautstark. Ina Steidls Kommentar: „Dann muss sie halt lernen, ihn daran zu erinnern."

TIPP „Väter machen Dinge anders als Mütter. Das muss man aushalten können und darf sich nicht ständig einmischen."

Ina Steidl, Unternehmerin

„Es ist gar nicht so leicht, ein moderner Vater zu sein…"

Protokoll einer anonymen Working Mom:

„Ich finde es großartig, dass mein Mann Familien- und Hausarbeit so partnerschaftlich mit mir teilt: Wir haben beide spannende Jobs, arbeiten beide Vollzeit und engagieren uns zu ähnlichen Teilen zu Hause. Auch bei unseren Karriereentscheidungen verhandeln wir stets fair und auf Augenhöhe: Wer ist wann dran, den nächsten Schritt zu machen? Das wirkt sich extrem positiv auf unser Familienleben und natürlich auch auf unsere Beziehung aus. Er ist stolz darauf, dass ich beruflich meinen Weg gehe, und er weiß, dass er einen gehörigen Teil dazu beiträgt.

Allerdings hat er es außerhalb unserer Familie nicht immer leicht. Er ist überall der Exot, weil er seine beruflichen Ambitionen zumindest zeitweise zurückstellt. Keiner seiner Freunde macht das.

Klar, sie nehmen ihre Rolle als Vater auch ernst und bringen sich zu Hause ein. Sie sind aber immer Hauptverdiener, ihre Frauen arbeiten Teilzeit und übernehmen die Verantwortung für alles, was Familie und Haushalt betrifft. Mehr als zwei Monate Elternzeit nehmen? Das käme für die Männer nie in Frage. Die Bewerbung um mehr Verantwortung in einer neuen Firma ein oder zwei Jahre der Familie zu Liebe zurückstellen? Im Leben würden sie das nicht machen.

Meinen Mann gegenüber fangen sie leise und subtil an zu sticheln: ‚Dein Job ist ja schön und gut', sagen sie ihm. ‚Aber da geht doch noch mehr. Warum willst du nicht richtig Karriere machen?'

Ich hingegen werde für meinen Mann bewundert. Kolleginnen und Freundinnen nennen ihn fortschrittlich und wünschten sich, dass sich ihre Partner eine Scheibe von ihm abschneideten.

Manche der Reaktionen bei ihm im Job sind unglaublich. Als er bei unserem ersten Kind wenige Monate Elternzeit beantragte, sagte ihm eine ranghöhere Kollegin: ‚Jetzt lassen Sie also Ihr Team im Stich. Heute kann man ja nicht mal mehr junge Männer einstellen.' Damals schien die Beförderung zum stellvertretenden Abteilungsleiter ein erreichbares Ziel. Nach seiner Elternzeit ist der interne Sprung unwahrscheinlich geworden."

Verkehrte Welt? Mutter Vollzeit, Vater Hausmann

Vieles von dem, was die Working Mom anonym zu Protokoll gibt, weil sie ihren Mann schützen will, kommt Katrin Jenner bekannt vor. Sie ist als Marketing- und Vertriebsdirektorin eines Hamburger Verlags Hauptverdienerin ihrer Familie, ihr Ehemann kümmert sich um Haushalt und Kinder. Seine Laufbahn als Banker hat er aufgegeben. Der Wunsch nach einer längeren Elternzeit stieß auf großes Unverständnis bei seinem damaligen Arbeitgeber. Er machte trotzdem eine zweijährige Kinderpause.

Geplant sei die Rollenaufteilung nicht gewesen, erzählt Katrin Jenner. Die Umstände haben es dazu gebracht: Die 44-Jährige war zur Geburt des ersten Kindes Marketingleiterin bei Tchibo. Weil sie ihre Stelle behalten wollte, kehrte sie schnell nach der Elternzeit wieder — Vollzeit. Inzwischen hat sie zwar das Unternehmen gewechselt, bei der Rollenaufteilung ist es aber geblieben: Ihr Mann kümmert sich auch heute noch hauptverantwortlich um die Kinder. Die Bank hatte seine Elternzeit zum Anlass genommen, um ihm den Ausstieg nahezulegen. Er verließ daher das Unternehmen.

Tatsächlich musste er sich in seine Rolle als Hausmann und Vollzeitvater erst hineinfinden: Als die erste Tochter, heute siebeneinhalb Jahre, noch klein war, bekamen die Eltern sehr besorgte Reaktionen: „Kann ein Mann das überhaupt, ein fünf Monate altes Baby von morgens bis abends versorgen? Unterstützt denn wenigstens die Oma, wenn die Mutter nicht da ist?"

Egal, wohin der junge Vater mit dem Mädchen ging – überall war er der einzige Mann. Beim Kinderturnen, erinnert sich Katrin Jenner, war manchmal noch ein Opa dabei, aber kein Papa weit und breit – mitten in Hamburg. Dabei gab es gerade in seiner Situation so viele Themen, die ihn beschäftigten: Auf einmal war er kein Manager mehr, sondern Hausmann. Verantwortlich für ein kleines Kind, umgeben von 99 Prozent Müttern. Glücklich in der neuen Rolle, von außen aber kritisch begleitet. Und dann mit tausend Fragen konfrontiert: Was tun, wenn der Kinderpopo rot ist? Woran liegt es, wenn die Kleine satt und gewickelt ist und trotzdem nicht aufhört zu weinen? Hilft die empfohlene Salbe tatsächlich gegen Zahnschmerzen?

Bei einem Vätertreff fand er Gleichgesinnte. Die Stadt Hamburg fördert und unterstützt einen Verein, der Männern mit Kind eine Plattform bietet: den Väter e.V. Roland Jenner traf dort Gesprächspartner, die ihm im Alltag fehlten: Manager, Angestellte, Handwerker, die ihre Elternzeit nicht als Notlösung sahen, sondern sich bewusst dafür entschieden hatten. Die weder zwingend alleinerziehend sind noch Problemkinder haben. Schlicht Väter, die Zeit mit ihren Kindern verbringen – und dennoch andere Themen haben, als junge Mütter sie beim Pekip-Kurs oder auf dem Spielplatz besprechen.

„Mein Mann genießt die Zeit sehr, die er mit unseren Töchtern verbringen kann", sagt Katrin Jenner. Aus dem Väter-Kind-Treff ist für ihn sogar eine berufliche Perspektive geworden. Seit fünf Jahren hat Roland Jenner dort eine halbe Stelle als kaufmännischer Geschäftsführer. Während er sich um alles Organisatorische kümmert, verantwortet sein Mitgeschäftsführer die inhaltliche Arbeit. Die Kinder des Paars, siebeneinhalb und fünf Jahre alt, gehen heute in Grundschule und Kindergarten. So verbringt er die Nachmittage mit den Mädchen, kümmert sich um Haushalt, Garten und Kinderthemen, während Katrin Jenner zum Abendessen nach Hause kommt.

Für die Mädchen ist es selbstverständlich, dass ihr Vater so präsent ist – und sie trotzdem eine enge Bindung zur Mutter haben. „Als unsere ältere Tochter Emily noch in den Kindergarten ging", erinnert sich Katrin Jenner, „stellte sie irgendwann eine sehr ernst gemeinte Frage: ‚Haben die anderen Kinder denn keinen Papa? Sie werden immer nur von der Mama oder der Oma und dem Opa abgeholt.'"

Katrin Jenner hat das Problem, das klassischerweise Väter haben: Wie nach Feierabend und am Wochenende dafür sorgen, dass sie ausreichend Zeit mit den Kinder und ihrem Mann verbringt, ihrem Partner notwendige Verschnaufpausen zugesteht und zugleich selbst nicht auf der Strecke bleibt? „Zeit hat man immer zu wenig", sagt die 44-Jährige lachend. „Aber wir gehen sehr bewusst damit um."

Am Wochenende unternimmt sie regelmäßig alleine etwas mit ihren Töchtern, damit ihr Mann ein paar Stunden oder einen Tag für sich hat. Abends geht sie regelmäßig mit ihm ins Theater, Kino oder Restaurant. Das ist beiden extrem wichtig, genauso wie die gemeinsamen Zweier-Wochenenden ein- oder zweimal im Jahr. Dann hüten die Großeltern bei ihnen zu Hause die Kinder. Zudem haben sie seit dem vierten Lebensmonat ihrer älteren Tochter einen Babysitter.

Unter der Woche trifft sich Katrin Jenner abends gelegentlich mit Freundinnen oder geht ins Theater, um den Kopf frei zu bekommen und Inspiration zu tanken. Intensive Zeit als Familie gibt es für Vater, Mutter und die Töchter regelmäßig im Urlaub: Anders als früher verreisen sie nicht mehr so häufig mit Freunden oder Verwandten, sondern auch alleine: „Damit ich mehr ungestörte Familienzeit habe."

> **TIPP** „Meinem Mann hat der Austausch mit anderen Vätern gut getan. In Hamburg und in manchen anderen deutschen Städten gibt es Väter-Treffs, die eine Anlaufstelle für Männer in Eltern- oder Teilzeit sind. Oft haben Männer Vorbehalte, dort hinzugehen, die aber meistens unbegründet sind."
>
> *Katrin Jenner, Marketing- und Vertriebsdirektorin, Harper Collins Germany*

Deutscher Standard: Mutter Teilzeit, Vater Vollzeit

Es ist das Abziehbild der deutschen Durchschnittsfamilie: Der Vater bringt das Geld nach Hause, die Mama verdient etwas dazu. Dafür versorgt die Mutter die Kinder, Katz oder Hund, hält den Haushalt in Schuss und den Garten schön. Ihr Mann unterstützt sie, wo beziehungsweise wann er kann — oder Lust hat. Staat, Unternehmen und Gesellschaft haben sich seit Jahrzehnten auf diese prototypische Familie eingerichtet — und geben dieselben alten Rollenbilder von Generation zu Generation weiter. Mit einem Unterschied allerdings: Zu Beginn der 1960er Jahre lag die Geburtenrate bei 2,5 Kindern pro Frau, heute bringt die Durchschnittsdeutsche 1,4 Kinder zur Welt.

Das Ehegattensplitting belohnt Paare finanziell, bei denen einer viel, der andere wenig verdient. Das Schulsystem setzt auf Mütter, die beim Adventsbasteln und Plätzchenbacken ihre kreative Ader ausleben und beim Sommerfest oder Staffellauf das Buffet bestücken. Es erwartet Elternteile, die Schulentwicklungstage und dreizehn Wochen Ferien problemlos auffangen, obwohl doch jeder Arbeitnehmer nur fünf bis sechs Wochen Urlaub hat. Und es setzt Eltern voraus, die mittags zu Hause sind. Manchmal, um ihren Kindern das Mittagessen zuzubereiten, bestimmt aber, um sie bei den Mathehausaufgaben zu unterstützen oder das nächste Philosophiereferat vorzubereiten.

DIE DURCHSCHNITTSDEUTSCHEN IN ZAHLEN

- ► Ihr erstes Kind bekommen Frauen im Alter von 29 Jahren.
- ► Sie bringen 1,4 Kinder zur Welt.
- ► 3.800 Kinder werden jährlich adoptiert, mehr als die Hälfte vom Stiefvater oder der Stiefmutter.
- ► 3,4 Millionen Kinder besuchen eine Kita, 41 Prozent mehr als sieben Stunden pro Betreuungstag.
- ► Jede vierte Mutter – mit Kind unter 15 Jahren – arbeitet nicht.
- ► Etwa 70 Prozent aller erwebstätigen Mütter arbeiten in Teilzeit, 30 Prozent in Vollzeit.
- ► 1950 gab es gut 750.000 Eheschließungen, 2013 ca. 370.000
- ► Jede dritte geschlossene Ehe wird heute im Laufe von 25 Jahren geschieden.
- ► Zehn Prozent aller Mütter sind alleinerziehend, unter den Vätern sind es zwei Prozent.
- ► Jede vierte Frau wird 90 Jahre und älter.

Quelle: Statistisches Jahrbuch 2015, Destatis

Zugegeben: Es findet ein Umdenken statt. Seit dem Sommer 2013 haben bereits Einjährige einen Rechtsanspruch auf einen Platz in der Kita. Häufig sind Kindertagesstätten und Kindergärten sogar bis in den Nachmittag hinein geöffnet. Auch an vielen Schulen gibt es Nachmittagsangebote inklusive Mittagessen und Hausaufgabenbetreuung, allerdings ist das Angebot weder flächendeckend noch qualitativ auf höchstem Niveau. So bleiben Nachmittagsbetreuung und die Überbrückung der Ferien für berufstätige Eltern eine Hürde.

Arbeitgeber sind in dieser Gemengelage nur selten eine Hilfe: Werden Frauen schwanger, erklären manche von ihnen bislang viel versprechende

Mitarbeiterinnen zum Ballast, den es loszuwerden gilt. Vätern mit Eltern-zeit-Begehren oder Teilzeit-Wünschen blüht dasselbe. Männer, die sich um Arbeitszeiten nicht scheren und bis in den späten Abend in der Firma sitzen, werden hingegen befördert. Manchmal passiert das sogar Frauen. Haben dieselben Frauen aber kleine Kinder, werden sie gesellschaftlich geächtet und als Rabenmutter beschimpft. Damit aber nicht genug:

Wenn Eltern sich trennen, kehren sich bisherige Vorteile in große Nach-teile um. Im Falle einer Scheidung werden Teilzeit-Mütter bestraft: Ab dem dritten Geburtstag ihres jüngsten Kindes haben Frauen keinen Unterhalt für sich selbst zu erwarten, sondern sind grundsätzlich dazu verpflich-tet, sich ihren eigenen Lebensunterhalt zu verdienen, auch wenn das eine Vollzeitstelle erfordert. Im Hinblick auf ihre Altersvorsorge stellen sie zudem fest, dass ihr Rentenkonto — je nach Dauer ihrer bisherigen Teil-zeittätigkeit — eine ziemliche Einkommenslücke aufweist. Selbstredend konnten sie mit ihrem kleinen Einkommen nicht oder nicht ausreichend privat vorsorgen.

Ein einfaches Rezept zur Lösung dieses Dilemmas gibt es nicht. Ein gele-gentlicher Wechsel der Teilzeittätigkeit zwischen Mutter und Vater könnte eine Möglichkeit sein, die Nachteile für die Frau gering zu halten, eine bewusst kurze Phase der Teilzeitjobs eine andere. Oder aber eine Teilzeit-beschäftigung, die Vollzeit light entspricht, also mindestens 30 Stunden.

Egal welchen Weg Frauen gemeinsam mit ihrem Partner gehen, Isabel Hochgesand plädiert zu allererst für einen bewussten Umgang mit der Frage. „Es ist wichtig, dass Frauen langfristig denken", sagt die Procter & Gamble-Geschäftsführerin. Damit meint sie, dass Mütter sich regelmäßig hinterfragen: Wozu haben sie ihre Ausbildung gemacht und studiert? Ist es wirklich notwendig, dass sie sich stark aus ihrem Job zurückziehen — oder haben sie es sich bequem gemacht? Falls ja, mit wem sollten sie sprechen, um an ihrer Situation etwas zu ändern? „Irgendwann ist es zu spät, um auf den Zug der Berufstätigkeit aufzuspringen", sagt die zweifache Mutter.

Häufig hat sie es beobachtet, beispielsweise im Umfeld ihrer eigenen Eltern, dass Frauen ihr Leben sehr stark auf ihre Kinder ausgerichtet haben — und darüber ihre eigene Berufstätigkeit vernachlässigten. „Wenn die Kinder dann aber aus dem Haus sind, fallen ihre Mütter in ein Loch", sagt sie. Nicht wenige finden es schwierig, da herauszufinden und ihrem Leben wieder einen Inhalt zu geben. Der Wiedereinstieg in eine qualifizierte Tätigkeit ist dann so gut wie ausgeschlossen.

Bettina Burbach, Gründerin des Modelabels Sousi, findet jenseits dieser fundamentalen Frage etwas anderes wichtig: der Umgang mit dem Partner. Wenn ein Paar sich dazu entschlossen hat, dass einer von beiden beruflich Gas geben kann und der andere dafür etwas kürzer tritt, sollten sie sich dennoch auf Augenhöhe begegnen.

Für die Mutter zweier Kinder bedeutet es, dass keiner mehr Rechte hat, nur weil er mehr Geld mit nach Hause bringt. Genauso wenig wie der Hauptverdiener sich aus Haushalts- und Familienangelegenheiten komplett zurückziehen kann und alles seiner besseren Hälfte überlässt. „Beide sollten sich verantwortlich fühlen, sonst funktioniert es nicht", sagt die Unternehmerin. Sie meint damit auch, dass sowohl sie als auch ihr Mann bis zur Familiengründung autark und erfolgreich im Job waren — jeder mit den besten Entwicklungsmöglichkeiten. Unterbricht nun die Frau ihre bisherige Karriere, sollte sie dafür nicht weniger Respekt entgegengebracht bekommen.

Eine Working Mom mit BWL-Abschluss an einer renommierten deutschen Wirtschaftshochschule sieht es ähnlich. Ihren Namen möchte sie lieber nicht gedruckt sehen, weil sie gerade zum Sprung auf die nächste Karrierestufe ansetzt. Aus Erfahrung weiß sie, dass ihr der Einsatz für ihre Kinder zum Nachteil ausgelegt werden kann: Acht Jahre hat sie als Beraterin in einem sehr konservativen Umfeld gearbeitet. Um Beruf und Familie besser unter einen Hut zu bekommen, machte sie sich selbständig. Seit Kurzem hat sie wieder eine Festanstellung — mit Aussicht auf Beförderung. Ihr Konzept eines „Hauptkümmerers" in der Familie könnte da hinderlich sein: Hinter diesem verbirgt sich die Überzeugung, dass Kinder einen Hauptansprechpartner brauchen.

Fünf und sieben Jahre sind die Kinder des Paares. Sie gehen in den Kindergarten und in eine Grundschule und werden entweder von ihrer Mutter oder von einer Kinderfrau betreut, damit sie am Nachmittag viel Zeit zu Hause verbringen können. Trotz professioneller Kinderbetreuung braucht es einen Hauptkümmerer unter den Eltern, ist die Mutter überzeugt. Der nicht nur alles rund um die Kinder organisiert, sondern vor allem die emotionalen Bedürfnisse der Kinder spürt und die Rolle eines ‚Guides‘ übernimmt. Der Hauptkümmerer fühlt sich auf der einen Seite hauptverantwortlich für die Belange der Kleinen jenseits des Alltäglichen: Geburtstagsgeschenke kaufen, Spielverabredungen machen, Elternsprechtage im Blick haben und Ansprechpartner für Erzieher und Lehrer oder eben die Kinderfrau sein. Aber fernab von irgendwelchen organisatorischen, abzuarbeitenden Tätigkeiten geht es dieser Working Mom darum, ihren Kindern Liebe und Unterstützung im Alltag zu geben und sie in ihrem Leben zu begleiten: In Streitigkeiten mit Freunden da zu sein, ihnen aktiv zuzuhören, zu verstehen, was sie bewegt und aufrichtig Interesse an ihrem Leben und nicht nur an ihren Leistungen zu zeigen.

Bei der Familie dieser Working Mom ist das meistens die Mutter — aber eben nicht immer. Wenn sie mit großen Projekten stark eingebunden ist und beispielsweise länger am Stück in einer anderen Stadt ist, übergibt sie die Rolle an ihren Mann. Den Rollentausch besprechen sie dann wie etwa eine Urlaubsübergabe im Job, damit es keine Missverständnisse gibt: Welche Termine stehen an, worauf ist bei den Kleinen aktuell besonders zu achten, welche Ereignisse gab es zuletzt in der Kita, was bewegt sie gerade?

Klingt ungewöhnlich, die Betriebswirtin empfiehlt aber allen Eltern, einen solchen Rollentausch hin und wieder vorzunehmen: „Es ist die Möglichkeit, das Leben durch die Brille des anderen zu betrachten“, sagt sie. Sie weiß dann, wie ihr Mann sich fühlt, wenn er nach einem anstrengenden Zwölf-Stunden-Arbeitstag nach Hause kommt und von ihr schlecht gelaunt empfangen wird. „Und mein Mann bekommt ein Gefühl dafür, warum ich nach sieben Stunden Arbeit und vier Stunden Kinderspaß auch kaputt bin.“

Die zweifache Mutter hat so manche Erkenntnisse aus diesen Perspektivwechseln gezogen, die ihr und ihrem Mann helfen, den turbulenten Familienalltag zu bewältigen:

- Es gibt eine generelle Aufgabenverteilung für Einkaufen, Wäsche waschen, Kochen am Wochenende etc. Das erspart Diskussionen über unliebsame Themen.

- Keiner mosert, wenn der andere Aufgaben anders erledigt als er selbst. Anders muss nicht schlechter sein — und falls doch: Einfach mal Fünfe gerade sein lassen.

▸ Kommunikation hilft. Wer anfallende Aufgaben im Haushalt nicht sieht, wird ohne Groll darauf angesprochen.

▸ Mit Humor und Charme geht vieles leichter. Kinder wie Ehepartner reagieren leichter, wenn sie freundlich aufgefordert werden.

Zwei Mütter, ein Kind

Es klingt nach einem komplett anderen Lebensmodell, aber eigentlich sind die Parallelen zahlreich: Juliane Reichelt ist Rechtsanwältin und Partnerin einer großen Wirtschaftskanzlei in Stuttgart. Sie arbeitet Vollzeit und versucht, trotzdem möglichst viel Zeit mit ihrer vierjährigen Tochter zu verbringen. „Mutti", sagt die Kleine dann, „lass uns wieder zu den Pferden fahren." Die zwei machen gemeinsam gerne Ausflüge, am liebsten zum Reiterhof. Die „Mama" der Kleinen, die Frau von Juliane Reichelt und leibliche Mutter des Kindes, kommt häufig mit. Eine ihrer Lieblingsbeschäftigungen mit dem Mädchen ist wiederum das Malen und Basteln, wofür ihrer Partnerin die Ausdauer fehlt. Die „Mama" war es auch, die ein Jahr Elternzeit genommen und jetzt eine halbe Stelle als Juristin im Öffentlichen Dienst hat, um sich nachmittags um das Mädchen zu kümmern.

Die Elternzeit von Juliane Reichelt beschränkte sich auf zwei mal zwei Monate: Die Zeit nutzte die kleine Familie unter anderem für eine seit langem geplante Reise mit dem Wohnmobil durch Italien und Frankreich.

Obwohl die Familie hauptsächlich aus zwei Frauen und einem Mädchen besteht, gibt es auch eine männliche Bezugsperson für die Kleine. Der Vater ist ein sehr guter schwuler Freund des Paares. Er hat engen Kontakt zu allen drei und unternimmt viel mit der gemeinsamen Tochter.

Juliane, wie macht man das – zielgerichtet den Vater für sein Kind auszusuchen?

Juliane Reichelt: „Meine Frau und ich sind seit 25 Jahren ein Paar. Wir hatten immer den Wunsch, gemeinsam irgendwann ein Kind zu haben. Als das Thema Anfang, Mitte 30 auf dem Tisch war, haben wir uns sehr konkrete Gedanken gemacht. Wir wollten einen Papa, der nicht nur anonymer Samenspender ist, sondern eine Rolle im Leben unseres Kindes spielt. Wichtig war natürlich auch, dass er unsere Werte und Moralvorstellungen teilt. Durch Glück haben wir im Freundeskreis einen super Papa gefunden."

Und wie haben du und deine Frau entschieden, wer das Kind bekommt?

Juliane Reichelt: „Das war von vornherein klar. Ich kann gar nicht sagen, warum. Nicht weil sie im Öffentlichen Dienst arbeitet und ich als Partnerin einer großen Wirtschaftskanzlei mehr Geld verdiene. (…) Es war einfach klar – genauso wie die Tatsache, dass sie ein Jahr Elternzeit nimmt und ihre Arbeitszeit reduziert. Uns war aber auch wichtig, dass wir gemeinsam die Eltern sind und ich das Kind adoptiere."

Wie teilt ihr euch die Betreuung auf?

Juliane Reichelt: „Wir kommen beide aus der ehemaligen DDR. So wie wir aufgewachsen sind, ist es für uns selbstverständlich, dass wir beide arbeiten. Meine Frau übernimmt bei der Betreuung unserer Tochter den größeren Part. Ich bin im Job stärker eingebunden. Wenn unsere Kleine krank ist, bleibt meist sie zu Hause. Sie ist im Büro flexibler. Ich muss meine Mandate irgendwie fristgerecht erledigen, wenn es sein muss, auch nachts oder am Wochenende. Mit der Geburt unserer Tochter haben sich jedoch meine Arbeitszeiten und Prioritäten verschoben. Ich gehe morgens sehr früh ins Büro und schaffe es meist, das Büro zwischen sechs und sieben zu verlassen. Ich versuche auch, regelmäßig einen Nachmittag frei zu nehmen, um etwas mit unserer Tochter zu unternehmen."

Die Anwaltswelt gilt als konservativ. Bekommst du Rückmeldungen zu deinem Lebens- und Arbeitsmodell?

Juliane Reichelt: „Die Tatsache, dass ich mir im Job Freiheiten für mein Privatleben herausnehme, kommentiert niemand. Warum auch? Ich bin als Partnerin dafür verantwortlich, dass mein Referat läuft und profitabel ist. Dass ich zu Hause keinen Mann, sondern eine Frau habe, spricht sich natürlich herum. Ich habe damit aber glücklicherweise keine schlechten Erfahrungen gemacht. Häufig bekommen wir sehr interessiertes und positives Feedback zu unserem Lebensmodell, das ja nicht ganz alltäglich ist. Meine Kollegen im Büro kennen meine Familie, auch einige Mandanten. Daraus mache ich kein Geheimnis – im Gegenteil!"

Patchwork: Ein Leben mit Bonuskindern

Die Zahlen über die Verbreitung von sogenannten Patchwork-Familien variieren. Laut Studien des Bundesfamilienministeriums sind zwischen sieben und 13 Prozent aller Familien Stief- und Patchwork-Familien, im Osten Deutschlands sind sie tendenziell stärker vertreten als im Westen. Übrigens ist der Begriff der Patchwork-Familie eine rein deutsche Erfindung – ähnlich wie die Bezeichnung Handy für das Mobiltelefon. Kein Brite oder Amerikaner nennt eine „konstruierte Familie" so, ihr Begriff dafür ist „blended family".

Die Statistiker unterscheiden zwischen drei Formen von Stieffamilien: Stiefvater-Familien, in denen die Mutter mit ihren leiblichen Kindern und einem neuen Partner lebt, dominieren (47 Prozent). Die Stiefmutter-Familien sind mit einem guten Viertel ähnlich häufig vertreten wie zusammengesetzte und komplexe Stieffamilien.

Anke Bytomski-Guerrier lebt in einer solchen „komplexen Stieffamilie": Hinter dem Begriff verbergen sich Haushalte, in der nicht nur beide Partner eigene Kinder aus früheren Beziehungen mitbringen, sondern auch gemeinsame Kinder haben. Es liegt in der Natur der Sache, dass mindestens drei Kinder in einer solchen Familie leben; bei der Berlinerin und ihrem Mann sind es vier, die fünfte Tochter, 23 Jahre alt, ist bereits ausgezogen. Die 42-Jährige hat zwei Söhne mit in die Ehe gebracht, sie sind zwölf und 15 Jahre alt. Die 18-jährige Tochter ihres Mannes lebt zur Hälfte bei ihnen, zur Hälfte bei der eigenen Mutter. Die gemeinsame Tochter des Paares ist fünf Jahre alt.

Schon alleine räumlich stellt das die Familie vor Herausforderungen: Das Häuschen des Berliner Paares hält nicht für jedes Kind ein Zimmer bereit. Für ihre 18-Jährige haben sie die Gartenlaube ausgebaut. Das findet die Tochter großartig, weil sie damit autonom ist, aber trotzdem an den Kühlschrank der Familie angebunden ist, wie ihre Stiefmutter es nennt. Für sich selbst hat das Paar die Garage ausgebaut, so dass sie ebenfalls einen Rückzugsort haben. Der 15-Jährige hat ein eigenes Zimmer, nur die Jüngste teilt sich einen Raum mit dem zwölfjährigen Sohn.

Begeistert war der nicht unbedingt darüber, erzählt seine Mutter, zumal sie früher in einem Haus wohnten, in dem mehr Platz vorhanden war. „Aber es gibt keine Alternative. Er muss geduldig sein und warten, bis seine Schwester oder der Bruder auszieht."

Beide Jungs hatten damals protestiert, als sie mit der neuen Familie zusammenziehen sollten. Die Mädchen sahen es weniger problematisch. Es war die kleine Schwester, die am Ende alle zusammenbrachte. Inzwischen hat es sich gut eingespielt. Die Mutter betont: Wenn es Probleme gibt, dann sind es Kleinigkeiten. „Durch die schiere Menge an Familienmitgliedern kumulieren sie sich aber schnell", fügt sie lachend hinzu.

TIPP „Gerade in einer Patchwork-Familie finde ich es wichtig, dass wir uns als Paar Inseln schaffen und Zeit für einander nehmen."

Dr. Anke Bytomski-Guerrier, Mutter von drei leiblichen und zwei Stiefkindern

---

Tatsächlich ist die Situation für Kinder in Patchwork-Familien nicht zu unterschätzen, betonen Kinderpsychologen und Familientherapeuten. Als Trennungskinder haben sie erfahren, was es heißt, dass eine Familie zerbricht. Nun müssen sie in einer neuen Familie nicht nur neue Mitbewohner akzeptieren, sondern auch um die zeitlichen Ressourcen des leiblichen Elternteils buhlen. Schließlich gibt es einen neuen Partner und obendrein ein neues Baby oder Kleinkind, das die Eltern in Verzückung setzt und ihnen manchmal den letzten Nerv raubt. Plus Kinder, die der neue Partner mitgebracht hat.

Und dann ist da schließlich die Frage: Wer ist zuständig für die Erziehung? Nimmt der leibliche Vater seine Rolle wahr? Darf der Patchwork-Vater sich einmischen? Viele Fragen und Bedürfnisse, die Eltern im Blick haben müssen, damit ihre Kinder in der neuen Familienkonstellation zurechtkommen.

Anke Bytomski-Guerrier ist sehr behutsam an die neue Situation herangegangen, erzählt sie – und hat sich sehr gezielt Zeit für ihre Söhne genommen. Allerdings ist das Verhältnis der Jungs zu ihrem Mann längst so gut, dass sie ihn voll und ganz akzeptieren. Bei den Hausaufgaben hilft beispielsweise der Stiefvater dem Jüngeren, den Älteren unterstützt die Mutter. „Das war am ehesten für mich ein Lernprozess", erläutert sie. „Weil ich so schlecht loslassen kann." Da ihr aber die Zeit fehlt, den Schulstoff mit beiden Jungen täglich durchzusprechen, haben sie eine Vereinbarung getroffen: Die Kinder halten sich an ihre Ansprechpartner und beide Erwachsenen machen es nach bestem Wissen und Gewissen; keiner pfuscht dem anderen rein.

Das Schöne an einer Patchwork-Familie mit einem solchen Altersspektrum ist aber auch, dass die Kinder schon vieles eigenverantwortlich machen. Die Kleinen lernen von den Großen und wachsen in gewisse Aufgaben automatisch rein. Ganz selbstverständlich packen sie im Haushalt mit an, legen saubere Wäsche in den Schrank, decken den Tisch oder machen Frühstück und Abendbrot. Einmal die Woche kommen die Kinder im Hause Bytomski-Guerrier abends sogar ein paar Stunden ganz ohne Eltern oder einen Babysitter aus: Sie bereiten dann das Abendbrot zu, essen zusammen, bringen die kleine Schwester ins Bett und machen sich selbst bettfertig, bis Anke und ihr Mann gegen 21 Uhr zurückkommen.

Dieser Abend ist ihre heilige Auszeit, auch wenn es nur für zwei, drei Stunden ist. „Wir haben Kinder im Alter zwischen fünf und 23 Jahren. Wir sind 40 Jahre damit beschäftigt, Kinder großzuziehen", sagt sie. „Wenn wir warten, bis diese Phase vorüber ist, um dann das Paarsein zu genießen, ist es zu spät." Soll heißen: Sie nehmen sich regelmäßig und geplant Zeit für einander. Denn zufällig ergeben sich ruhige Stunden in dem Haushalt ohnehin nicht.

Uta Lecker-Schubert würde theoretisch auch in die Gruppe der „komplexen Stieffamilien" fallen, wenn sie ihre Kinder nicht mit großem zeitlichen Abstand bekommen hätte. Ihren Sohn brachte sie zur Welt, da war sie gerade 24 und steckte mitten im Studium (siehe Kapitel „Früh Kinder bekommen", Seite 17). Vierzehn beziehungsweise fünfzehn Jahre später sind noch zwei Töchter hinzugekommen, mit einem anderen Partner. Für kurze Zeit lebten alle unter einem Dach, inzwischen hat der 19-Jährige eine eigene Wohnung. Der Grund: Lebensweise und Freizeitgestaltung eines jungen Erwachsenen passen nur bedingt zu den Schlaf- und Wachzeiten von Babys, Kleinkindern und frisch gebackenen Eltern.

Bemerkenswert ist die Zeit, die Uta Lecker-Schubert, ihr Sohn und ihr neuer Partner zwischendrin gemeistert haben. Als das Paar sich 2010 entschied zusammenzuziehen, standen sie vor mehreren Entscheidungen: Sie wohnte in Coburg und hatte ein Jobangebot in Düsseldorf, er lebte in Frankfurt und wollte gerne nach Berlin. Gemeinsam mit dem knapp 15-jährigen Sohn hielten sie Familienrat: Wer lebt wo mit wem?

Sie entschieden, dass beide ihre beruflichen Herausforderungen annehmen sollten — und verlagerten den Familienwohnsitz in ein Haus nach Berlin. Sohn und Mann führten dort unter der Woche einen Männerhaushalt, Uta Lecker-Schubert pendelte zwischen Düsseldorf und Berlin. Den Jungen reizte das Leben in der Hauptstadt, zudem verstand er sich mit seinem Stiefvater prächtig. Die Erfahrung hat ihrem Sohn geholfen, früh selbständig zu werden, davon ist die Mutter überzeugt. Während der Schulzeit war er oft bei seinem Stiefvater in der Bundespressekonferenz, in der dieser eine PR-Agentur leitete. Er konnte dort zu Mittag essen, außerdem verdiente er über kleine Jobs sein erstes Geld.

Die Freizeit, die Mutter und Sohn am Wochenende und in den Ferien zusammen hatten, nutzten sie für ein gemeinsames Hobby: das Motor- und Segelfliegen. „Mein Sohn ist praktisch mit mir auf dem Flugplatz groß geworden", erzählt sie. Im Alter von 15 Jahren bekam der Junge seine eigene Segelfluglizenz, und wenn sie nicht am Wochenende ins Flugzeug stiegen, verbrachte er nach der Schule viel Zeit bei den Berliner „Young Pilots".

In den Ferien fuhr er häufig zu seiner Mutter nach Düsseldorf oder zu seinen Großeltern nach Niederbayern. Im Kloster Banz der CSU-nahen Hanns-Seidel-Stiftung belegte er Jugendseminare. Uta Lecker-Schubert ist stolz, dass sie ihn — lange Zeit als Alleinerziehende — und dann mit ihrem Mann in einer Patchwork-Konstellation so gut großgezogen hat. Bewusst hatte sie sich zu seinem Wechsel auf die weiterführende Schule dagegen entschieden, ihn auf ein Internat zu schicken. Womöglich wäre es manch- mal unkomplizierter gewesen, weil sie sich nicht um Nachmittagsbetreu- ung oder Ferienprogramm hätte kümmern müssen. „Dann wäre er aber vielleicht nicht so selbständig und lebenstüchtig geworden", glaubt sie.

Seit gut einem Jahr hat ihr Sohn eine eigene kleine Wohnung in Düs- seldorf. Im kommenden Jahr will er Abitur machen, nebenher jobbt er in einem Schnellrestaurant. Seine Mutter ist vor kurzem mit ihrer neuen Familie ins Frankfurter Umland gezogen, ihr Arbeitgeber hatte ihr nach ihrer Elternzeit dort einen Job angeboten. Der Auszug des Sohnes war aber schon vorher beschlossene Sache: „Ich habe meinen Jungen nicht nur zur Selbständigkeit, sondern auch zur Diskussionsfreude erzogen." Es klingen Stolz und Zufriedenheit mit, wenn sie das erzählt. „Manchmal kann das aber auch nach hinten losgehen", sagt sie und lacht. Soll heißen: Es war Zeit für ihn und für sie, dass er eigene vier Wände bekam.

TIPP „Mein Sohn ist früh selbständig geworden, weil wir ihm viel zutrau- ten. Er hat es genossen und zugleich bedeutete es für mich und meinen Mann eine gewisse Entlastung."
Uta Lecker-Schubert, Mutter eines Sohnes und zweier Töchter

---

9. Aus zwei wird eine:
Auf einmal alleinerziehend

Die Ehe nimmt an Bedeutung ab, Lebenspartnerschaften ohne Trauschein werden immer beliebter: Von den gut elf Millionen Familien, die in Deutschland leben, bestehen 68 Prozent aus einem verheirateten Paar mit Kindern. Damit stellen sie zwar eine deutliche Mehrheit, aber diese Mehrheit schrumpft. 1996 waren knapp 80 Prozent von 13 Millionen Paaren mit Kindern verheiratet. Heute ist das Familienbild nicht mehr ganz so einheitlich: Acht Prozent leben laut Statistischem Bundesamt in nichtehelichen Lebensgemeinschaften, 0,1 Prozent in gleichgeschlechtlichen — und fast 24 Prozent sind alleinerziehend. Dieser Anteil ist in den vergangenen Jahren massiv gestiegen: Vor zwanzig Jahren lag der Wert noch bei 17 Prozent.

Wenn fast jede vierte Familie aus Kindern und einem Erwachsenen besteht, findet sich das Lebensmodell selbstredend auch unter den Working Moms wieder. Wenngleich es besonders viel Energie und Überzeugung braucht, um eine Karriere mit Kindern alleine zu meistern — sowie ein gutes Netzwerk aus Helfern und Unterstützern.

Energie, Überzeugung und Willenskraft hat Anja Unglaub, ihr Netzwerk für Kind und Haushalt ist jedoch eher schlank. Die alleinerziehende Bosch-Managerin kommt bislang ohne Kinderfrau oder Au-pair aus. Ihre siebenjährige Tochter wurde anfangs von einer Tagesmutter betreut und später im Kindergarten. Seit diesem Sommer geht das Mädchen in die Schule. Ihre Mutter hat sich für eine private Ganztagsschule entschieden, weil sie nur dort eine gute Betreuungsqualität mit einem breiten Angebot für das Nachmittags- und Ferienprogramm vorgefunden hat. Dafür nimmt sie auch in Kauf, dass sie deutlich tiefer in die Tasche greifen muss als beispielsweise bei Hortträgern aus der Wohlfahrtspflege. „Ich brauche Verlässlichkeit, sonst könnte ich meinen Job nicht ausüben", sagt die 44-Jährige.

Diese Bitte richtet sie auch an ihren Ex-Mann, bei dem das Mädchen jedes zweite Wochenende, einen Abend unter der Woche und vier Wochen in den Ferien verbringt: Sie braucht Verlässlichkeit. Denn ihre kinderfreien Wochen nutzt sie beispielsweise, um ihre jährlich anstehenden Geschäftsreisen nach Asien oder in die USA zu unternehmen. Bereits im Herbst eines Jahres stehen sämtliche Dienstreisen für das darauffolgende Kalenderjahr fest.

Die Wochenenden, die sie ohne ihre Tochter verbringt, stellt sie unter das Motto „maximale Entspannung": Ausschlafen, Sport treiben und Freunde treffen stehen auf dem Programm. Dazu kommt sie unter der Woche überhaupt nicht. „Alles hat seinen Preis", sagt die Managerin – „das Leben ist nicht nur fluffig." Wenn sie es sagt, klingt sie allerdings nicht resigniert, eher realistisch. Tatsächlich hat sie inzwischen wieder einen Partner. Anfangs ist sie regelmäßig am Wochenende zu ihm nach Köln gependelt. Immerhin das fällt jetzt weg, weil er nach Stuttgart gezogen ist.

TIPP „Als Alleinerziehende braucht ihr mehr denn je Energie für euch und eure Kinder. Daher hadert nicht mit der Situation, sondern macht das Beste daraus. Macht euch die Vorteile bewusst und genießt sie in vollen Zügen. Etwa das freie Wochenende, wenn die Kinder beim Vater sind."

Anja Klatt, zweifache Mutter

Nicole Voigt befindet sich ebenfalls in der Situation, dass sie vom Vater ihrer Kinder, 18, 14 und fünf Jahre alt, getrennt lebt. Die Wirtschaftsingenieurin arbeitet Vollzeit bei einer der drei großen Unternehmensberatungen in Deutschland, der Boston Consulting Group. Industriegüterunternehmen im Metall- und Anlagenbau sind ihre Kunden. Die Düsseldorferin berät Firmen im Rhein- und Ruhrgebiet, genauso kann es aber sein, dass sie für ein Mandat quer durch Europa reist.

Ein solcher Job bringt Herausforderungen mit sich. Während manche Frauen schon in der ersten Schwangerschaft kündigen, weil sie sich einen Beraterjob mit Kindern nicht vorstellen können, ist es für die 41-Jährige alles eine Frage der Organisation – und des Willens. Auch als Alleinerziehende: „Mit einem guten Netzwerk aus Freunden und Nachbarn, mit einer Portion Selbständigkeit bei den Kindern und nicht zuletzt mit unserem Au-pair-Mädchen bekommen wir die Situation gut gemeistert."

In ihrem Fall kommt hinzu: Sie ist seit zehn Jahren in der Beratung, seit kurzem Partnerin. Je höher die Hierarchieebene, hat Nicole Voigt festgestellt, desto größer die Flexibilität in der Gestaltung von Arbeitszeit und Arbeitsort. „Es kommt auf das Ergebnis an", sagt sie, „nicht auf die Anwesenheit." Sollte sie einen Termin beim Kunden mal nicht wahrnehmen können, bietet sie mehrere Alternativen an. Zudem hat sie bei jedem Projekt eine Kollegin oder einen Kollegen – einen sogenannten „Jobsharing-Partner" –, damit sie sich gegenseitig unterstützen oder wechselseitig bei Meetings einspringen können.

Unabhängig davon hat sich Nicole Voigt zu Eigen gemacht, nicht in Nachteilen zu kommunizieren, sondern das Positive herauszustellen. Daher also nicht an jeder Ecke zu erwähnen, dass sie als getrennt lebende Mutter Einschränkungen hat, sondern selbstbewusst zu verkünden, welche Erfolge sie vorweisen kann. Um die zu erreichen, nimmt Nicole Voigt ganz bewusst Herausforderungen an, etwa indem sie auf internen wie externen Konferenzen eigene inhaltliche Schwerpunkte präsentiert. Insbesondere bei Frauen sieht die Ingenieurin Nachholbedarf beim Selbstmarketing – und predigt auch ihren jüngeren Kolleginnen immer wieder: nicht nur machen, sondern auch das Geleistete promoten und aktiv für inhaltliche Themen stehen.

> **TIPP** „Alleinerziehende sollten im Job Einschränkungen oder Probleme nicht thematisieren. Steht zu eurem Erfolg, die Flexibilität wird sich in den meisten Fällen finden."
>
> *Nicole Voigt, Partner, The Boston Consulting Group*

Und ist die Beraterin nie ins Grübeln gekommen, ob sie ihren anspruchsvollen Job als Alleinerziehende weitermachen kann? „Ja, natürlich, so ein Umbruch ist nicht einfach zu meistern, aber wenn einem der Job Spaß macht, finden sich meist Lösungen, die für beide Seiten sehr gut funktionieren können." Damit meint sie auch, dass es nicht hilft, permanent darüber nachzudenken, ob eine andere Lösung vielleicht besser wäre.

Nicole Voigt genießt dafür die Zeit am Wochenende mit ihren Kindern in vollen Zügen. Freitags macht sie früher Schluss und holt ihren Jüngsten von der Kita ab. Am Abend gehen sie und die drei Kinder häufig mit ihrem Au-pair-Mädchen essen, das Wochenende läuten sie samstags mit einem ausgiebigen Frühstück ein. Ganz einfach ist die Wochenendgestaltung dann allerdings nicht: Ihr jüngster Sohn will etwas erleben, Spaß haben, ins Schwimmbad oder auf den Spielplatz gehen. Die Älteren haben ganz andere Bedürfnisse.

Die 14-Jährige steckt mitten in der Pubertät, bei ihr ersetzen Gespräche teilweise die Unternehmungen. „Das ist nicht minder zeitintensiv", sagt Voigt, „die Interessen und Themen verlagern sich." Eines kommt der dreifachen Mutter in ihrer Situation allerdings entgegen: Weil sie schon lange als Beraterin arbeitet, haben ihre Kinder eine gewisse Selbständigkeit gelernt. Heute können die Älteren vieles eigenverantwortlich übernehmen – und sie freuen sich, dass sie sich freier bewegen dürfen als manche ihrer Klassenkameraden.

Szenenwechsel von der Beratung in die Flugindustrie: Aletta von Massenbach arbeitet für den Betreiber des Frankfurter Flughafens, die Fraport AG. Zuletzt war sie mit ihrem sechsjährigen Sohn in Antalya im Einsatz. Die 47-Jährige hatte sich vom Vater ihres Jungen getrennt, als der gerade erst ein halbes Jahr alt war. Seitdem hat sie quasi die alleinige Verantwortung — was beinhaltet, dass sie für seinen Lebensunterhalt aufkommen muss.

Deshalb hat sie sich schnell nach ihrer Elternzeit eine Kinderfrau gesucht, die bis heute bei ihr geblieben ist und mit ihr durch Europa reist. Sie ist längst mehr als eine Angestellte — sie ist eine wichtige Säule, damit das Lebens- und Arbeitsmodell von Aletta von Massenbach funktioniert. Entsprechend eng ist die Bindung zwischen Mutter, Sohn und Kinderfrau.

Es ist eine Beziehung, von der beide Seiten profitieren: Aletta von Massenbach finanziert der jungen Frau ihr Studium, zahlt ihr ein großzügiges Taschengeld, Kost und Logis sowie die Krankenversicherung und spendiert ihr einen Heimflug nach Peru im Jahr. Umgedreht holt die Peruanerin den Jungen nachmittags aus der Schule und verbringt die Zeit mit ihm, bis die Mutter nach Hause kommt. Gelegentlich hütet sie ihn länger, wenn die Managerin abends Termine hat oder privat ausgeht. Wenn der Junge Ferien hat, und das war etwa in Bulgarien alle sechs Wochen, fahren sie mal zu dritt nach Deutschland zu von Massenbachs Eltern, mal zu zweit — das heißt Kinderfrau und Junge. Dass sich längst eine Freundschaft zwischen dem Trio entwickelt hat, zeigt, dass sie sogar am Wochenende Unternehmungen zusammen machen. Im vergangenen Frühling holte die Peruanerin sogar eine Freundin ins Haus der Deutschen, die fortan im Haushalt half — und in den erweiterten Familienkreis aufgenommen wurde.

„Bei uns ist das Haus immer voll", sagt Aletta von Massenbach zufrieden. Von früheren Tätigkeiten hat sie selbst in Antalya Freunde und Bekannte, die gerne und häufig zu Besuch kamen. „Ich mag es, wenn was bei uns los ist." Auch für ihren Sohn findet sie diese Lebendigkeit und das Eintauchen in verschiedene Kulturen wichtig. Den Gedanken, dass ihm etwas fehlen könnte, weil etwa seine Mutter den ganzen Tag arbeitet, findet Aletta von Massenbach sehr weit hergeholt. Der enge Draht zu ihr, zur Kinderfrau, die regelmäßigen Besuche bei den Großeltern, die eigenen Freunde und die vielen herzlichen Gäste im Haus stellen so viele wichtige Bezugspersonen dar. Daher ist sie davon überzeugt, dass es ihm an nichts mangelt.

Nach der Scheidung mehr Selbstvertrauen – oder: Wie aus einer Bankerin eine Schokoladen-Unternehmerin wird

Eigentlich ist sie das, was die Medien gerne eine Powerfrau nennen: Sie hat in der Bankenwelt Karriere gemacht, immer etwas mehr Verantwortung übernommen und vermögendere Kunden beraten. Commerzbank, UBS, LGT Bank stehen in ihrem Lebenslauf, seit fünf Jahren ist sie für ein sogenanntes Family Office tätig, das das Vermögen sehr wohlhabender Klienten betreut. Nebenbei, möchte man fast sagen, hat sie ihre zwei Jungen bekommen, heute acht und zehn Jahre alt, ihre Arbeitszeit auf vier Tage reduziert und weiter einen guten Job gemacht hat. Manchmal war ihr alles ein bisschen zu viel, aber eigentlich packte sie es gut. Bis ihr Mann ihr sagte, dass er nicht mehr mit ihr zusammen sein wollte, und sich von ihr trennte. Die Nachricht erwischte sie kalt. „Danach war mein Selbstwertgefühl im Keller", sagt Anja Klatt.

Fünf Jahre ist das jetzt her. Manchmal wusste die Hamburgerin gar nicht, woher sie die Energie nehmen sollte, um morgens aus dem Bett zu kommen, ihre kleinen Wirbelwinde für die Ganztagsschule fertig zu machen und dann anschließend fit und kompetent am Arbeitsplatz zu sein. Sie holte sich professionelle Hilfe, machte eine Therapie und gewann wieder Zuversicht. Heute, sagen ihre Freunde, ist Anja wieder die Alte. Sie hat sich beim Sport angemeldet, geht abends manchmal aus — und traut sich etwas, wovon sie schon lange träumte: „Schindelwick — Liebe in Schokolade".

So heißt ihre Marke, die sie sich als zweites Standbein aufbaut. Schindelwick ist ihr Mädchenname, „Liebe in Schokolade" stehen für süße Köstlichkeiten, die sie backt und kunstvoll zubereitet. Champagner-Trüffel, Mousse-au-Chocolat-Pralinen, Cupcakes mit grüner Frisur oder Schokoladen-Lollis mit frechen Augen. Kindergeburtstage versorgt sie mit spaßigem Gebäck, für Firmenevents liefert sie das Dessert, im Auftrag von Hotels gestaltet sie die Betthupferl und auf Messen präsentiert sie ihr Angebot mit einem eigenen Stand.

Ein Hobby ist das längst nicht mehr, dafür nimmt es zu viel Zeit in Anspruch, sagt die 46-Jährige. Montags bis donnerstags ist sie tagsüber die Bankerin, an den Abenden — wenn ihre Kinder im Bett sind — oder am Wochenende — wenn sie beim Vater sind — steht Anja Klatt zu Hause oder in einer angemieteten Küche am Herd und am Backofen und produziert und entwirft. „Es geht viel Zeit drauf, aber wie schön ist es doch, Zeit in etwas Neues zu investieren", sagt sie und ihre Augen strahlen dabei.

Schindelwick ist ihre Antwort auf die Frage, die sie sich gestellt hat, als ihr Mann weg war und mit ihm ihr Selbstbewusstsein: Was schlummert in dir? Wer bist du und was kannst du? Klar, ihr eigentlicher Job macht ihr auch Spaß, zudem sichert er ihr Einkommen. Ebenso viel Herzblut steckt sie aber in die kreative Arbeit. Insofern kann sie der Trennung und der Scheidung inzwischen auch etwas Positives abgewinnen.

„Mit einem Mann an meiner Seite hätte ich mich das niemals getraut", sagt sie. Die Rollen waren klar verteilt, der gedankliche Freiraum gar nicht gegeben. Und: „Welcher Partner macht das auch schon mit?", fragt sie. Es ist nicht nur die Zeit, die sie mit der Herstellung ihrer Waren verbringt. Kundengespräche, Internetauftritt, Steuerabrechnungen — es kommt vieles hinzu.

Die Managerin hat sich beispielsweise mit einer Freundin zusammengetan, die Naturkosmetik vertreibt, und gelegentlich laden sie Frauen wie zu einer Tupperware-Party ein. Dann testet sie aus, wie neue Kreationen ankommen oder ob sie mit ihren Preisen richtigliegt, und freut sich einfach, ihre eigene Marke vorstellen zu können. Was sie treibt, ist die Idee, Schindelwick irgendwann größer zu machen. Nicht nur sporadisch Hilfe von Bekannten zu bekommen, sondern eine Mitarbeiterin einzustellen und nicht mehr alles selbst erledigen zu müssen. Davon leben zu können. Und selbstredend tut es ihr gut, so viel Anerkennung für ihre Idee zu bekommen.

„Ich hatte immer daran geglaubt, dass meine Ehe ein Leben lang halten würde", sagt Anja Klatt. „Ich bedaure sehr, dass es nicht so gekommen ist. Aber eigentlich geht es mir inzwischen besser als früher."

10. Kinderbetreuung – Das richtige Modell finden

Das Kind ist auf der Welt, die Elternzeit vorüber – und nun? Sicherlich ist es kein Geheimnis, dass Mütter und Väter nicht erst jetzt anfangen sollten, sich um eine Kinderbetreuung zu kümmern. Allerdings nützt es häufig auch nichts, direkt mit dem ersten Ultraschallbild des Frauenarztes auf Krippensuche zu gehen. Viele Einrichtungen akzeptieren Bewerbungen erst, wenn die Kundin oder der Kunde in spe auf der Welt ist.

Aber was kommt überhaupt in Frage? Eine Krippe, die den Nachwuchs schon ab der achten Lebenswoche aufnimmt und verlässliche Öffnungszeiten anbietet? Eine – deutlich kostspieligere – Kinderfrau, die ins Haus kommt und exklusiv für das eigene Kind zuständig ist? Eine Tagesmutter, die in ihren eigenen Räumlichkeiten weniger Kinder als in einer öffentlichen Einrichtung betreut, dafür aber auch mal krank sein kann und Urlaub macht? Oder eine individuelle Lösung, bei der sich etwa Großeltern, Vater und Mutter die Betreuung teilen?

Die rund 400 Mitglieder des bundesweiten Working Moms-Netzwerkes, die im Schnitt zwei Kinder haben, konnten unendlich viele Erfahrungen sammeln: mit ziemlich kleinen Kindern bis hin zu Pubertierenden. Einige der berufstätigen Mütter erzählen hier, warum sie sich für ihre Betreuungsform entschieden haben – und worauf sie bei der Auswahl Wert legen.

> **TIPP** „Verlässliche Bezugspersonen sind sehr wichtig für Kinder. Trotzdem habe ich festgestellt, dass es keine langfristigen Lösungen gibt, die für Zweijährige genauso gelten wie für Zehnjährige. Im Zentrum jeder Betreuungsform sollte immer die Frage stehen: Was ist das Beste für meine Kinder?"
>
> *Silke Richter-Derix, alleinerziehende zweifache Mutter*

Allerdings – und das betonen viele Working Moms – gibt es kaum ein Betreuungskonzept, das einmal gefunden wird und dann bis zur Volljährigkeit hält: „Verlässlichkeit ist extrem wichtig", sagt Silke Richter-Derix, „aber ich habe festgestellt, dass es keine langfristige Lösung gibt." Die 42-Jährige ist in verantwortungsvoller Position im Frankfurter Börsenumfeld tätig und Mutter einer 15-jährigen Tochter und eines 12-jährigen Sohnes; inzwischen alleinerziehend. Die eigenen Ansprüche, die Bedürfnisse der Kinder, die Rahmenbedingungen im Job – in allem ist Bewegung. Richter-Derix rät deshalb unbedingt dazu, in Phasen zu denken und flexibel auf Veränderungen zu reagieren.

Geht das Kind beispielsweise partout nicht gerne in die Krippe, ist vielleicht doch eine Kinderfrau oder ein erfahrenes Au-pair-Mädchen die bessere Lösung. Langweilt sich das Einzelkind zu Hause mit der Kinderfrau, könnte hingegen der Kindergarten oder der Schulhort die passende Umgebung sein. Selbstredend sollten die Bezugspersonen nicht alle halbe Jahr gewechselt werden, weiß Richter-Derix. Aber egal, was andere wohlmeinende Stimmen sagen: „Ein standardisiertes Richtig oder Falsch gibt es nicht. Deswegen schaue ich zuerst danach: Was brauchen meine Kinder – und was kann ich mir leisten?"

Krippe oder Tagesmutter: Die Qual der Wahl

Beginnt ein Kind, regelmäßig in eine Betreuungsstätte zu gehen, fängt auch für die Eltern eine aufregende Zeit an: Wie bewegt es sich in diesem Gefüge, fragen sich Mütter wie Väter. Schließt es schnell Freundschaften, wie lässt es sich auf Erzieherinnen und Erzieher ein, welche Angebote nutzt es in der Einrichtung? Doch bevor es überhaupt so weit ist, steht die Frage im Raum: Welches ist zum Start die beste Einrichtung für die Tochter, den Sohn und die Familie? Welche Angebote wirken vertrauenserweckend? Und welche sind überhaupt vom Wohnort oder der Arbeitsstätte aus gut zu erreichen?

Seit dem Sommer 2013 gilt der Rechtsanspruch für einen Kitaplatz ab Vollendung des ersten Lebensjahrs. Daher ist das Betreuungsangebot für Kleinkinder kräftig gestiegen. In dem Zuge schaffen öffentliche wie private Einrichtungen auch Plätze für Kinder unter einem Jahr. Allerdings ist die Zahl nach wie vor gering. In Großstädten kommt der Ausbau oftmals schneller voran als auf dem Land. Manche Eltern haben deshalb gar nicht die Möglichkeit, sich für eine Krippe zu entscheiden. So wählen viele eine Tagesmutter, die bis zu fünf Kinder bei sich zu Hause betreuen darf – häufig im Alter zwischen null und drei Jahren. Der Vorteil von Tagesmüttern: Die Gruppengröße ist klein, die Betreuung oft sehr familiär und auch der Austausch zwischen ihr und den Eltern persönlich, die Umgebung heimelig.

Eltern, die sich gegen eine Tagesmutter entscheiden, bemängeln entweder die fehlende pädagogische Ausbildung – jeder kann sich in 160

Stunden zur „Qualifizierten Tagespflegeperson" ausbilden lassen – oder die Tatsache, dass das gesamte Betreuungskonzept auf einer Person fußt. Auch die Betreuungszeiten harmonieren nicht immer mit den Arbeitszeiten der Vollzeit-Berufstätigen: Tagesmütter haben selten bis in den Abend geöffnet, sie können krank werden und viele von ihnen nehmen mehrmals im Jahr Urlaub. Das bedeutet: Die Familien passen ihre Ferienzeiten an den Rhythmus an – oder sie benötigen eine zusätzliche Ferienbetreuung.

Checkliste: Krippe oder Tagesmutter? Darauf ist zu achten!

► **Betreuungsschlüssel**
Es gibt keinen bundesweit einheitlichen Betreuungsschlüssel, Gruppengröße und Personalschlüssel werden von den Bundesländern festgelegt. Die Bertelsmann-Stiftung empfiehlt im Krippenbereich einen Erzieher für drei Kinder, im Elementarbereich für 7,5 Kinder.
Davon ist man in der Praxis weit entfernt, der tatsächliche Schlüssel schwankt in Kinderkrippen je nach Bundesland zwischen 1:3 und 1:14.
Bei der Tagesmutter ist der Betreuungsschlüssel maximal 1:5. Sie darf höchstens fünf fremde, gleichzeitig anwesende Kinder in ihren Räumlichkeiten betreuen.

► **Gruppengröße**
Auch bei einem vorbildlichen Betreuungsschlüssel sollte die Gruppe, in der Ein- bis Zweijährige betreut werden, maximal aus zwölf Kindern bestehen. Bei Vier- bis Fünfjährigen sind 16 bis 20 Kinder empfohlen – wie die weltgrößte Vereinigung von Erziehern mitteilt.

► **Feste Bezugsperson**
Egal ob Tagesmutter oder Krippe: Insbesondere Kinder unter drei brauchen eine feste Bezugsperson, die während der gesamten Zeit in der Einrichtung gleich bleibt.

► **Eingewöhnungszeiten**
Jede gute Betreuungseinrichtung bietet Eingewöhnungszeiten an. Sie variieren zwischen zwei und vier Wochen.

► **Pädagogisches Angebot**
Werden die Kinder nicht nur verwahrt, sondern motiviert und gefördert? Die Allerkleinsten brauchen Spielmaterialien für die sinnliche Wahrnehmung (Klangbüchsen, Spiegel, farbige Kissen), ab dem dritten Lebensjahr sind Musik-, Kunst- und Sportangebote sowie Naturprojekte sinnvoll.

Werden die Entwicklungsschritte der Kinder dokumentiert und mit den Eltern besprochen?

▸ **Elternkontakt**

Der Austausch zwischen Erziehern und Eltern ist in jedem Alter wichtig, bei Kleinstkindern jedoch essentiell, da sie sich selbst noch nicht mitteilen können. Gibt es täglich ein Übergabegespräch? Beobachtet solche Situationen, wenn ihr euch die Krippe/Tagesmutter zum ersten Mal anseht: Stehen die Stühle schon eine Viertelstunde vor Feierabend auf den Tischen und die Erzieher angezogen in der Tür?

▸ **Gruppenstruktur**

Mit welchem Zeitkontingent sind die Kinder angemeldet? Gibt es viele Kinder, die früh abgeholt werden, und nur ganz wenige, die länger bleiben? Es ist für Kinder ein unschönes Erlebnis, wenn sie Tag für Tag als letzte abgeholt werden.

▸ **Räumlichkeiten**

Gibt es ausreichend Platz zum Toben, aber auch zum Ausruhen und zum Schlafen? Wo wird gegessen? Sind kindgerechte Toiletten und Waschbecken vorhanden? Wie regelt eine Tagesmutter diese Fragen, die tendenziell weniger Platz zur Verfügung hat?

Achtet auf eine angemessene Freispielfläche. Ist die nicht vorhanden: Gibt es den täglichen Gang auf einen nahegelegenen Spielplatz? Ist das Spielen an der frischen Luft ein tägliches Ritual und nicht nur Schön-wetter-Programm?

▸ **Essen**

Gibt es neben dem gemeinsamen Frühstück und Mittagessen auch Zwischenmahlzeiten? Wird Obst und Gemüse angeboten? Sind Getränke jederzeit zugänglich? Kommt das Essen aus einer Großküche?

▸ **Schließzeiten**

Für berufstätige Eltern essentiell: Orientiert sich die Einrichtung an den Schulferien oder beschränkt sie sich auf Weihnachts- und Sommerpause?

▸ **Fahrweg**

Die Lieblingseinrichtung ist gefunden, liegt aber zwei Stadtteile entfernt? Wägt gut ab, ob es die Fahrerei wert ist oder ob es nicht doch eine Einrichtung in der Nähe gibt. Ist der Heimweg kurz, kann auch der Babysitter das Kind abholen oder andere Familien aus der Nachbarschaft es mit nach Hause nehmen.

Seit es das erklärte Ziel der Bundesregierung ist, flächendeckend Betreuungsplätze für Einjährige anzubieten, nimmt nicht nur die Zahl der Kitaplätze, sondern auch das Angebot der Tagesmütter zu. Dabei verschwimmen die Grenzen zunehmend: Tagesmütter tun sich mit Kolleginnen zusammen, um Unterstützung und kollegialen Rückhalt zu bekommen. Nicht selten werden externe Räumlichkeiten angemietet oder das eigene Haus entsprechend umgebaut, so dass sich das Angebot von Tagesmüttern stark professionalisiert.

Zwischen Tagesmutter und Kinderfrau – die Krippe zu Hause

Kita oder externe Tagesmutter, das konnten sich Franziska von Lewinski und ihr Mann beides nicht so recht vorstellen. Ihre Tochter war gerade erst acht Wochen alt, als sie eine Betreuung benötigten. Sie wollte als Vorsitzende der Geschäftsführung der Digitalagentur Interone keine Elternzeit nehmen und auch für ihren Mann als Finanzchef eines mittelständischen Unternehmens war es schwierig, auf Zeit auszusteigen. So war beiden von Anfang an klar, dass sie eine liebevolle Betreuung brauchen, die zu ihnen ins Haus kommt.

Eine Stellenanzeige blieb ohne Erfolg und deswegen erzählten die Eltern allen, dass sie eine Betreuung für das Baby suchten – und zwar zu Hause. Die Mund-zu-Mund-Propaganda fruchtete: Sie fanden eine Sozialpädagogin – in einem Kinderhotel auf Sylt angestellt –, die gerne nach Hamburg wollte. Die Chemie stimmte und Jule, so ihr Name, fing als Vollzeitkraft in der Familie an. Die junge Frau freute sich, das erste Mal für eine Familie arbeiten zu können. Trotzdem kam sie schon nach ein paar Wochen auf die Idee: Warum nicht eine private Kita aufmachen? Ihre Idee dahinter: Gesellschaft für Tilda, das Baby, und mehr Auslastung für sie selbst.

Nun gibt es ziemlich viele Auflagen und Hürden, bevor Privatpersonen eine Kinderbetreuungseinrichtung gründen können, aber sie fanden einen Weg. Bis zu drei Kinder sind erlaubt, ohne dass sich die Betreuungsperson selbständig machen muss.

Folglich suchten die Eltern andere Väter und Mütter mit Betreuungsbedarf, mit denen sie schließlich eine Gesellschaft bürgerlichen Rechts (GbR) gründeten, um ihre Kinder gemeinsam betreuen zu lassen. Völlig unbürokratisch, am Küchentisch der Familie. Zwei kleine Jungs wurden gefunden, um der kleinen Tilda Gesellschaft zu leisten.

Als die Kleinen schon etwas größer waren und laufen konnten, waren sie stets in einer Doppelkarre und mit Laufrad unterwegs. Das Bild, das sich bot, erinnert sich Franziska von Lewinski, war herzerwärmend: „Wenn die Kleinen morgens kamen, verhielten sie sich manchmal wie Spanienurlauber, die ihre Liege mit einem Handtuch reservierten. Jeder wollte seinen Lieblingsplatz in der Karre oder auf dem Laufrad haben".

Inzwischen geht ihre Tochter auf die Grundschule, an die Zeit der eigenen Krippe erinnert sich die Hamburgerin aber gerne. Zudem war es eine Win-win-Situation, wie es so schön heißt, für alle Beteiligten: Die Kinder hatten Spielkameraden, die Kinderfrau fühlte sich ausgelastet und für die Eltern war es finanziell attraktiv: Sie teilten sich das Gehalt der Kinderfrau anteilig nach der Zahl der betreuten Stunden, zudem konnten sie alle anfallenden Kosten steuerlich geltend machen. Die Berufshaftpflicht von Jule, der Kinderfrau, sorgte für den notwendigen Versicherungsschutz. Den Platz für die kleine Krippe konnten Tildas Eltern im eigenen Häuschen problemlos zur Verfügung stellen.

„Mama bei der Arbeit": Tilda aus Hamburg, sechs Jahre.

Damit das Gemeinschaftsprojekt funktionierte, stellte die GbR wenige Regeln auf. Sie vereinbarten Schlaf- und Essenszeiten, besprachen den Tagesablauf inklusive fester Draußen-Zeiten und regelten die Ferienzeiten. Die Kinderfrau hatte jährlich 28 Urlaubstage — in der Zeit war die

Krippe zu, und die Eltern organisierten eine Alternativbetreuung beziehungsweise machten selbst Urlaub.

„Im Grunde mussten wir nicht viel regeln, die Chemie stimmte einfach", sagt Franziska von Lewinski. Bullerbü in Hamburg nannten die dazugekommenen Eltern die Krippe, klein und behütet. „Es war so nett, die Kleinen morgens kommen zu sehen, bevor wir zur Arbeit fuhren." Schnell war das Mini-Trio bekannt im Viertel und wurde freudig begrüßt, wenn die Kinderfrau auf ihrer täglichen Tour mit ihnen zum Spielplatz beim Bäcker oder dem kleinen Supermarkt vorbeikam.

Als die Kinder fast drei Jahre alt waren, löste sie die GbR auf: Die Kinder wechselten in den Kindergarten. Die Kinderfrau suchte sich einen Halbtagsjob — und ist seitdem noch nachmittags bei der Familie. Vor anderthalb Jahren haben sich Franziska von Lewinski und ihr Mann erneut eine Art kleine Krippe geschaffen: Die große Tilda hat eine Schwester bekommen. Dieses Mal konnte der Papa immerhin seine Arbeit reduzieren und den halben Tag bei dem Baby bleiben.

> **TIPP** „Wir haben uns unser Betreuungsmodell selbst erfunden: Eine angestellte Kinderfrau, unsere Tochter und zwei Kinder aus der Nachbarschaft. Gegründet war eine GbR, über die unsere Kinder Spielgefährten bekamen und wir die Kosten teilen konnten. Kann ich nur empfehlen!"
> *Franziska von Lewinski, Mutter von zwei Kindern*

Die Kinderfrau, eine Investition in die Zukunft?

Kinderfrau, für manche klingt das nach elitärem Leben und goldenen Löffeln, aber keineswegs nach einer realistischen Betreuungsalternative. Manchmal trifft das wohl auch zu, aber häufig ist es für völlig bodenständige Menschen die beste Lösung, um einen zeitintensiven Beruf und die Familie zu vereinbaren. Nicht wenige Working Moms erzählen, dass das Gehalt der Kinderfrau ihr Nettoeinkommen zumindest in den ersten Jahren komplett schluckt. Aber sei es drum: „An der Kinderbetreuung würde ich niemals sparen", sagt die Frankfurter Working Mom Susan Kock, Marketingmanagerin bei einem Pharmakonzern.

Weil es Eltern die Sicherheit gibt, ihre Kinder in heimischer Umgebung in guten Händen zu wissen; weil sie nur so unbesorgt und ohne nervenaufreibendes Jonglieren Arbeit und Kinder vereinbaren können. Grundvoraussetzung dafür ist das Vertrauen in die Kinderfrau, sagt Caroline Gilles. Ihre Erwartung an eine gute Kandidatin: „Ich brauche jemanden, der mich und meinen Mann als Eltern gut vertritt — auch und vor allem im Umgang mit anderen Eltern und Nachbarn." Gerade in den ersten Jahren verabredet sich beispielsweise kein Kind von alleine mit Kindergartenfreunden oder Nachbarskindern.

Deshalb wollte Gilles immer eine selbstbewusste Kinderfrau, die das Gespräch mit anderen Eltern oder den Erziehern sucht und sich als Ansprechpartnerin für die Kinder einbringt. Denn eine unbeteiligte Person, die lediglich die Kinder bringt oder abholt und sich nicht an den Gesprächen an der Kitatür beteiligt, wird niemals spontan von anderen Eltern gefragt, ob man sich am Nachmittag zusammen mit den Kindern auf dem Spielplatz oder zum Eis essen treffen möchte.

Auf Seiten der Mutter erfordert das selbstredend eine entsprechende Haltung, meint Caroline Gilles: „Ich muss großzügig sein und eine gute Stellvertreterin ertragen. Eifersüchtig zu sein, würde schlicht kontraproduktiv sein."

TIPP „Ich finde es wichtig, dass eine Kinderfrau mich als Mutter gut vertritt, auch und vor allem im Umgang mit anderen Eltern. Sie muss sich vernetzen und dafür sorgen, dass mein Kind sich verabredet, wenn es das möchte."

Caroline Gilles, Anwältin, zweifache Mutter

Für Diana Meyel war die Entscheidung für die Kinderfrau zugleich eine Entscheidung für eine Schule in der Nähe ihres Wohnorts. Sie arbeitet als Managing Partner einer Kapitalbeteiligungsgesellschaft in Vollzeit, genauso wie ihr Mann als Geschäftsführer eines Start-ups. Beide pendeln täglich ins Büro nach München, leben aber am südlichen Stadtrand in Oberhaching. Weil ihr Junge wohnortnah mit seinen Freunden zur Schule gehen soll, entschied sich die Familie für eine öffentliche Institution in der Nähe. Vormittags findet Unterricht statt, nachmittags Hausaufgabenbetreuung und Spielzeit. Eine Kinderfrau wartet zu Hause, um den Rest des Nachmittags mit ihm zu verbringen.

Von zu Hause aus startet der Elfjährige zum Basketballtraining und anderen Hobbies oder fährt zu Freunden zum Spielen. „Diese Lösung ist die beste für unsere Familie", sagt die Mutter. „Unser Sohn ist in seiner gewohnten Umgebung und kann seinen Hobbies zusammen mit den Freunden aus der Nachbarschaft nachgehen. Wir haben zugleich die Gewissheit, dass er gut betreut ist und sich wohlfühlt."

Einen ganz anderen Ansatz verfolgt Bettina Burbach: Der Münchener Mode-Unternehmerin gelingt es dank Ganztagsbetreuung mit Schule, Hort und integrierter Hausaufgabenunterstützung ganz gut, den Alltag mit ihren zwei Kindern ohne weitere Betreuung zu meistern. Allerdings ist sie gelegentlich auf Reisen und braucht für Spitzenzeiten vor Weihnachten beispielsweise Unterstützung, weil sie dann deutlich mehr arbeitet. Für den Fall hat sie ganzjährig eine Art Kinderfrau eingestellt. Früher waren das erfahrene Kräfte, inzwischen ist es eine Studentin, die ihre Kinder, zehn und elf Jahre, betreut. Über einen Minijob zahlt die Mutter der jungen Frau ein monatliches Fixgehalt, das diese nach Bedarf abarbeitet: Wochen- oder sogar monatelang ist sie gar nicht im Einsatz, im Winter bucht Bettina Burbach sie dann aber verstärkt. Gelegentlich bleibt die Studentin sogar über Nacht, wenn der Vater der Kinder ebenfalls auf Geschäftsreise ist.

Hin und wieder murren ihr Sohn und ihre Tochter, erzählt die Mutter, weil sie sie ein paar Wochen lang vergleichsweise wenig zu Gesicht bekommen. „Das stimmt wohl", sagt Burbach. „In dem Punkt bin ich aber strikt und lasse mich überhaupt nicht auf Diskussionen ein." Weil es zu ihrem Job dazugehört, dass sie eine gewisse Zeit auf Reisen ist. Um die Tage oder Wochen für ihre Kinder aber so nett wie möglich zu gestalten, hat sie bewusst eine junge Frau ausgewählt, die einen guten Draht zu den Fast-Teenagern hat. Womöglich bringt sie weniger Erfahrungen und Qualifikationen als eine langjährige Kinderfrau mit, dafür aber jugendlichen Elan und aufgrund ihres Alters eine Nähe zu den Kindern.

Denn mit dem Alter der Kinder wandeln sich auch die Anforderungen an eine Kinderfrau — genauso wie an die Eltern. Sind die Kinder klein, braucht man eine spielerische Ader, kommt mit Tobe-Spielen und Zaubertricks gut an. Werden die Kinder älter, wechseln die Schule und kommen allmählich in die Pubertät, sind ganz andere Dinge erforderlich: Gute Gesprächsführung beispielsweise oder die Fähigkeit, Stimmungen auszuhalten.

„Gemeinsame Werte" sind für Silke Richter-Derix wichtig bei der Auswahl einer Kinderfrau. Eine gemeinsame Wellenlänge, die richtige Chemie. Damit die Beschäftigte auch spontan passend zu den gängigen Regeln der Familie reagiert und keine andere Linie fährt als die Eltern. Die Kinder von Silke Richter-Derix sind inzwischen Teenager. Die Schule ist ein großes

Thema in den Gesprächen zwischen der Mutter und den Kindern. Insbesondere beim Sohn haben die Freude am Lernen und die Wissbegierde nachgelassen. Wie schafft sie es also, ihn regelmäßig zu motivieren, ohne aber ständig Stress und anstrengende Gespräche zu haben?

„Ich würde am liebsten mit dem Kopf durch die Wand", sagt sie Frankfurterin. „Aber das funktioniert natürlich nicht." Und so ist sie inzwischen froh, dass sie in ihrer Kinderfrau so etwas wie eine vermittelnde Unterstützerin hat. Denn die hat einen ganz anderen Zugang zu den Aufgaben und den Kindern und wendet unterschiedliche Lernmethoden an. Weil Kinder sich manchmal von Nicht-Familienmitgliedern viel eher etwas sagen lassen, klappe die Zusammenarbeit gut, sagt die Mutter.

TIPP „Mir sind gemeinsame Werte bei einer Kinderfrau sehr wichtig. Ich habe aber auch gelernt, offen für neue Werte zu sein. Wenn sie mit ihren Ansätzen einen besseren Zugang zu meinen Kindern findet, etwa bei gewissen Schulthemen, dann greife ich sie gerne auf."
Silke Richter-Derix, alleinerziehende zweifache Mutter

Working Mom auf Reisen – mit Sohn und Kinderfrau im Gepäck

Von diesen Themen ist Britta Hübner noch weit entfernt, ihr Sohn wird diesen Winter gerade mal zwei Jahre alt. Die Münchnerin ist Restrukturierungsexpertin und übernimmt als Geschäftsführerin oder Vorstand vorübergehend die Verantwortung für kriselnde und insolvenznahe Unternehmen. Umsatzgröße: bis zu einer Milliarde Euro. Das bedeutet: wechselnde Arbeitsorte und lange Tage. Seit 2009 macht sie das – nach einer Tätigkeit als Finanzchefin und verschiedenen Führungsfunktionen bei Siemens.

Sie ist stolz darauf, dass sie es als eine von ganz wenigen Frauen in diese Position geschafft hat. „Ich mag meinen Job. Er ist nichts für Nervenschwache, weil es vor einer Insolvenz hart zur Sache geht, zeitlich wie inhaltlich. Aber er macht mich glücklich", sagt Hübner. Als ihr Sohn auf die Welt kam, wollte sie daher unbedingt eine Regelung finden, die es ihr ermöglichte, weiter im Job zu bleiben. „Man gewöhnt sich daran, in der Krise zu arbeiten. Mich in einem Konzern einzugliedern, käme für mich nicht in Frage."

Ihre Lösung: eine mitreisende Kinderfrau.

Montags und freitags arbeitet sie zu Hause im Home Office, aber von diens-
tags bis donnerstags muss sie bei ihren Auftraggebern vor Ort sein. In den
vergangenen drei Jahren hat Britta Hübner die operative Sanierung und die
parallelen Finanzierungsverhandlungen mit den Banken für zwei Firmen
übernommen: einen Stahlhändler in Mannheim und ein Maschinenbau-
unternehmen ganz in der Nähe. So hat sie bis zum ersten Geburtstag ihres
Sohnes jeden Dienstagmorgen ihren Kombi mit drei Koffern voll beladen:
den eigenen, den des Sohnes und den der Kinderfrau. Plus Kinderwagen,
Spielzeug, Windeln und Verpflegung.

Zu dritt reisten sie dann bei den kriselnden Firmen an: Die Mutter ging an
ihren Arbeitsplatz, Kinderfrau und Sohn in ihr eigenes „Büro". Dort konnte
der Kleine schlafen, essen und gewickelt werden – doch selbstredend hielt
er sich nicht den ganzen Tag in seinem Raum auf: Die Kinderfrau ging mit
ihm spazieren, draußen, drinnen durch die Firma – und alle bekamen
mit, dass die Chefin ihren Sohn dabei hat. „Er krabbelte durch die Gänge
und sorgte für Unterhaltung. Das klappte gut", sagt Britta Hübner, als wäre
es das Normalste der Welt.

Tatsächlich achtete sie darauf, dass sie sich regelmäßig bei ihren Assistentinnen bedankte, weil die sich zwangsläufig mitkümmerten und enga-
gierten. Aber eigentlich sieht Hübner es als Selbstverständlichkeit an, dass
ihre Auftraggeber auch ihren Sohn samt Kinderfrau beherbergen. „Als
ich ihnen die Nachricht von meiner Schwangerschaft überbrachte, stellte
ich zwei Möglichkeiten zur Auswahl: ,Ich mache die Arbeit weiter – und
bringe mein Kind mit. Oder sie suchen sich jemand anders.'"

Offensichtlich waren sie mit der Arbeit von Britta Hübner sehr zufrieden und
willigten ein. Nicht nur einmal wirkte sich die Anwesenheit ihres Sohnes positiv aus. Die Restrukturierungsexpertin erinnert sich an eine der regelmäßigen
Finanzierungsrunden mit den Banken: „In solchen Situationen schicken die
Institute immer harte Verhandlungspartner, mit denen die Gespräche schwierig sind." In der Mittagspause holte die Mutter ihren Sohn aus dem Neben-
zimmer, er war gerade zweieinhalb Monate alt, und die Damen und Herren
waren mehr als angetan: „Seine Anwesenheit trug mit Sicherheit dazu bei,
dass es hinterher gute, entspannte Verhandlungen wurden", meint Hübner.

Die Arbeit mit Kind bedeutete für die Mutter eine Umstellung: Widmete
sie sich früher an den Tagen in der Firma vom Aufstehen bis zum Schlafengehen dem Job, trat sie nun kürzer, um abends einige Stunden mit ihrem

Sohn zu verbringen. Im Hotel mietete sie jetzt stets zwei Zimmer: eins für sich und den Jungen, ein zweites für die Kinderfrau. Wenn sie montags und freitags von zu Hause arbeitete, ging sie morgens beispielsweise zur Krabbelgruppe oder traf sich mit einer Freundin und deren Tochter, im gleichen Alter wie Hübners Sohn. „Mir ist schon wichtig, dass ich gewisse Dinge selber mache", sagt sie: Verabredungen, Arzttermine, den Jungen pflegen, falls er krank ist. „Manche Dinge möchte ich nicht delegieren, und ich habe die Freiheit, es dann auch nicht zu tun", sagt die Interims-Managerin.

Mit dem Heranwachsen des Kindes mussten sie und ihr Mann feststellen, dass das Modell der mitreisenden Nanny seine Grenzen hat. Als er größer und mobiler wurde, seine Umgebung viel stärker wahrnahm, disponierten sie daher um. Seit seinem ersten Geburtstag bleibt der Kleine die Woche über zu Hause — zusammen mit seinem Vater. Die Kinderfrau kommt tagsüber, um den Jungen zu betreuen und zu versorgen. Dieses Mal Tür an Tür mit Hübners Mann: Er ist durchweg im Home Office tätig.

Es ist wohl keine Selbstverständlichkeit, eine Kinderfrau zu finden, die sich so flexibel auf die Bedürfnisse der Eltern einlässt. Das Paar hatte sich an eine Agentur gewandt, die auf die Vermittlung von Kinderfrauen und Haushälterinnen spezialisiert ist. Zum Anforderungskatalog der Hübners gehört beispielsweise absolute Diskretion: „Unsere Kinderfrau bekommt vieles von meiner Arbeit mit, etwa die Telefonate auf unseren stundenlangen Autofahrten. Ich muss mich darauf verlassen können, dass sie damit diskret umgeht", sagt Britta Hübner.

Ist das nicht der Fall, ist es ein Trennungsgrund für die Managerin. Ihre erste Kinderfrau postete Fotos von ihrem Sohn im Internet. Ein Grund zur fristlosen Kündigung, entschied die Mutter. Für die Auswahl einer Kinderfrau hat sie einige Anforderungen formuliert:

TIPPS UND FRAGEN ZUR AUSWAHL EINER KINDERFRAU

- ► Die Kandidatinnen brauchen Referenzen. Nur Erfahrung als Babysitter reicht nicht aus.
- ► Welche Erziehungsansätze hat die Bewerberin? Was versteht sie unter altersgerechter Beschäftigung, wie geht sie auf Entwicklungssprünge ein?
- ► Ist die Bewerberin auf Langfristigkeit bedacht? Mindestens drei Jahre, am liebsten bis zur Grundschulzeit.

- Eine Erste-Hilfe-Ausbildung ist unerlässlich, ein Führerschein hilfreich. Zudem muss sie kochen können.
- Wir bieten einen 40-Stunden-Vertrag, Arbeitszeiten i. d. R. 9 bis 17 Uhr. (Übliche Vergütung: bis zu 3.000 Euro brutto im Monat, je nach Ausbildung und Zahl der Kinder. Kosten für Arbeitgeber ca. 25 Prozent höher für Sozialversicherungsanteil)
- Urlaub: zwischen fünf und sechs Wochen; Kinderfrau richtet sich grundsätzlich nach Plänen der Familie, eigene Wünsche werden berücksichtigt
- Probezeit: 14 Tage; Kündigungsfrist: einen Monat zum Monatsende; Überstunden werden in Freizeit ausgeglichen
- Gestaltet sich die Suche schwierig, schaltet ggfs. eine professionelle Vermittlung für Kinderfrauen und Hauspersonal ein, beispielsweise www.anne-luensmann.de oder www.viva-familienservice.de

Wie eine große Tochter?
Betreuung durchs Au-pair-Mädchen

Ist die Kinderfrau schon nah dran an der Familie und verbringt viel Zeit im eigenen Zuhause, ist dies bei einem Au-pair-Mädchen noch viel stärker der Fall. Sie braucht ein eigenes Zimmer und wohnt wie ein Familienmitglied im Haushalt. Ein wesentlicher Unterschied zwischen beiden Kinderbetreuerinnen: Eine Kinderfrau ist Profi, sie wird für ihre Arbeit, ihre Expertise und Erfahrung bezahlt. Ein Au-pair — meist sind es junge Frauen, doch gelegentlich kommen auch junge Männer für einen solchen Einsatz nach Deutschland — erwartet eine klare Gegenleistung: Au-pair-Mädchen und -Jungs wollen ihre Sprachkenntnisse verbessern. Sie passen gegen Kost, Logis und Taschengeld auf die Kinder der Familie auf und helfen im Haushalt. Zudem ist das Arbeitsverhältnis nicht auf Dauer angelegt: Offizielle Au-pairs kommen für mindestens sechs Monate und bleiben höchstens zwölf Monate in der Familie.

Katrin Wagner hat so manche Erfahrung mit Au-pairs gemacht. Seit 2011 lebt Jahr für Jahr eine andere Kandidatin in der Familie. „Mir wäre es lieber, die Au-pairs könnten länger bleiben", sagt die selbständige Augenoptikermeisterin. „Der jährliche Wechsel bedeutet schon eine gewisse Umstellung für die Familie. Ich persönlich finde die ersten drei Monate am anstrengendsten, weil ich überwiegend damit beschäftigt bin, alles zu erklären." Familie Wagner, deren adoptierte Tochter ursprünglich aus Äthiopien stammt, stellt vor allem Au-pair-Mädchen aus Afrika ein. Ihnen gefällt die Tatsache, dass eine erwachsene Afrikanerin in der Familie lebt und dem Mädchen etwas von ihrer Kultur und Herkunft erzählen kann.

Umgekehrt müssen sie der jungen Frau anfangs stark unter die Arme greifen. Für die meisten afrikanischen Au-pairs ist es das erste Mal überhaupt in Europa – und die Lebensgewohnheiten der Stuttgarter Familie unterscheiden sich selbstredend stark vom Familienleben zu Hause in Afrika. „Es ist eine Typfrage, ob man sich auf das Abenteuer Au-pair einlassen möchte", betont die Mutter. Man wisse nie, was einen erwarte: „Und man muss es mögen, dass immer jemand im Haus ist." Familie Wagner hat eine Wohnung von 110 Quadratmetern. Davon ein Zimmer und ein Bad an ein Nicht-Familienmitglied abzugeben, erfordert eine gewisse Offenheit.

Zugleich hat Katrin Wagner die Erfahrung gemacht: „Nichts ist selbstverständlich." Deshalb hat sie eine Liste geschrieben, die sie mit jeder neuen Kandidatin durchgeht. Die Aufgaben des Au-pairs stehen drauf – Kinder aus der Kita abholen, den Nachmittag mit ihnen verbringen, im Haushalt mit anpacken –, aber auch Regeln und Konventionen, die für die meisten Menschen hierzulande selbstverständlich sind: Sind die Kinder klein, muss permanent jemand auf sie achten, erst ab einem gewissen Alter dürfen sie auch mal alleine im Zimmer spielen. Oder: Angebrochene Lebensmittel sollten vor den verpackten verbraucht werden. Anfangs war es der Mutter der Adoptivtochter und eines kleinen Pflegesohns ein bisschen peinlich, aber inzwischen hat sie auch Verhaltensregeln für das Badezimmer aufgeschrieben.

So anstrengend der Start in ein Au-pair-Jahr ist, so sehr mag die Familie es, jemanden aus einer anderen Kultur mit am Tisch und in der Wohnung zu haben. Plus: Lebt der Babysitter mit im Haus, können Eltern sogar mal spontan abends ausgehen. „Ist das Vertrauensverhältnis da, hat ein Au-pair-Mädchen viele Vorteile", sagt Wagner. „Es ist eine Mischung aus Kinderfrau, Haushaltshilfe und Babysitter." Bei vergleichsweise geringen Kosten. Die Familie zahlt ihr neben der Unterkunft und dem Essen einen Deutschkurs, eine Fahrkarte für die Öffentlichen Verkehrsmittel sowie ein Taschengeld.

> **TIPP** „Ein Au-pair ist immer eine kleine Überraschung: Wir wissen vorher nicht wirklich, wer zu uns ins Haus kommt. Harmoniert es nicht, würde ich es sofort beenden. Und wir haben gute Erfahrungen damit gemacht, die Aufgaben sehr detailliert aufzuschreiben."
>
> *Katrin Wagner, zweifache Mutter*

Damit kein falscher Eindruck entsteht, schiebt Wagner schnell hinterher: „Am liebsten hätte ich ein Au-pair-Mädchen für längere Zeit bei uns." Ihre Idee: Die junge Frau macht eine Ausbildung in ihrem Optikergeschäft. Dann würde sie nicht nur richtig gut Deutsch lernen, sondern hätte zugleich auch eine Berufsausbildung in der Tasche. Mit ihrer letzten Kandidatin hatte sie sich bereits auf dieses Modell geeinigt. Sie warteten nur noch auf die Anerkennung ihres Schulabschlusszeugnisses. Doch dann überlegte es sich die junge Frau anders und verließ recht kurzentschlossen die Familie und das Land.

Katrin Wagner war enttäuscht − und aufgeschmissen: Wie sollte sie abends im Geschäft sein, wenn niemand ihre Kinder, heute gut zwei und sieben Jahre alt, aus Kita und Schule abholte? Doch dann nutzte sie die Vorteile ihrer Selbständigkeit und stellte ihre Arbeitszeit so um, dass sie an drei Tagen in der Woche die Kinder nachmittags selbst abholt, die anderen zwei Tage übernimmt es ihr Mann.

Voraussichtlich so lange, bis sie ihr nächstes Au-pair in Empfang genommen haben. Denn wie sagte es die Stuttgarterin so schön? „Es ist eine Typfrage, ob man sich auf das Abenteuer Au-pair einlassen möchte."

HILFE, EIN NOTFALL: DIE BETREUUNG FÄLLT AUS

Ist die Kinderfrau krank oder grassiert in der Kita zum wiederholten Mal die Grippe und man möchte dem eigenen Kind die erneute Ansteckung ersparen, haben Eltern ein Problem. Viele bauen sich über die Jahre ein Netz mit doppeltem Boden auf, das aus Babysittern, anderen Eltern, Großeltern, Nachbarn oder Freundinnen besteht. Aber manchmal funktioniert auch das nicht. In vielen Familien nimmt sich dann ein Elternteil kurzfristig einen Tag frei oder versucht, von zu Hause zu arbeiten. Ist dies ausnahmsweise mal nicht möglich, könnte eine Notfallbetreuung die Lösung sein. Überwiegend in den großen Städten haben sich verschiedene Anbieter etabliert.

▸ **PME Familienservice**
Für die Mitarbeiter von Mitgliedsunternehmen stehen Notbetreuungen für Null- bis Zwölfjährige zur Verfügung
www.familienservice.de

Nachmittagsbetreuung an Schulen: Ein bundesweiter Flickenteppich

Schulfragen sind Länderfragen. Deswegen wird das Betreuungsangebot an Grundschulen und weiterführenden Schulen deutschlandweit unterschiedlich gehandhabt. Manche Länder treiben die Idee der Ganztagsschule massiv voran, andere finden das Thema nur für Grundschulen relevant und für wieder andere hat es gar keine Priorität. Bundesweit ist immerhin eine Entwicklung festzustellen: Im Jahr 2002 standen bundesweit für zehn Prozent aller Schülerinnen und Schüler Ganztagsschulplätze zur Verfügung, 2010 waren es knapp 30 Prozent.

Für berufstätige Eltern heißt das: Mit Glück bekommen sie für ihr Kind einen Platz in einer echten Ganztagsschule beziehungsweise in einer Schule, die mit einem Hort für die Nachmittags- und Ferienbetreuung kooperiert. Zweitgenanntes Modell gibt es aber gerade an weiterführenden Schulen in vernünftiger Qualität selten. Was für berufstätige Eltern zu Schwierigkeiten führt: Schließlich ist es auch für Zehn- oder Elfjährige keine Option, den Nachmittag über alleine zu sein — geschweige denn für insgesamt 13 Wochen Schulferien.

So lange das deutsche Schulsystem so funktioniert, dass vormittags Wissen vermittelt wird, welches nachmittags von den Kindern in Eigenarbeit wiederholt und angewendet werden soll, ist es undenkbar, dass sie ohne Unterstützung und Betreuung zu Hause auskommen. Auch gute Schülerinnen und Schüler brauchen hin und wieder Ermunterungen, Ermahnungen und Hilfe. Das erfordert ein Familienmodell, bei dem nachmittags jemand zu Hause sein muss und die Hausaufgabenbetreuung übernimmt. Länder wie Großbritannien haben sich schon lange anders positioniert: Hier sind Ganztagsschulen sogar Pflicht, Hausaufgaben werden unter Aufsicht von Lehrkräften erledigt.

Die Ergebnisse von Pisa, einer internationalen Schulvergleichsstudie, zeigen sogar, dass es einen Zusammenhang zwischen Ganztagsangeboten und guten Noten gibt. Finnland, Kanada und Schweden schneiden unter anderem deshalb so gut ab, weil ihr Schulsystem Ganztagesangebote beinhaltet. Interessanterweise war der Halbtagsunterricht in Deutschland auch nicht immer die Regel, sondern wurde erst in der Weimarer Republik zum Normalfall. Kinder und Jugendliche der höheren Schulen sollten vor einer zu hohen Arbeitsbelastung geschützt werden. Schüler von Volksschulen wurden nachmittags hingegen als billige Arbeitskraft gebraucht.

Seitdem wird die Diskussion über das Thema höchst ideologisch geführt. Als die Regierung von Bundeskanzler Gerhard Schröder 2002 nach dem schlechten Abschneiden Deutschlands in der Pisa-Studie vier Milliarden Euro für den Ausbau von Ganztagsschulen zur Verfügung stellte, wurde das Geld nur schleppend von den Ländern abgerufen. Der Förderungszeitraum musste verlängert werden. Heute ist klar festzustellen, wo die Befürworter und Gegner der Idee sitzen: In Sachsen nutzen gut 73 Prozent aller Schülerinnen und Schüler Ganztagsangebote. In Bayern sind es hingegen nur elf Prozent.

Immer wieder berichten Mütter, dass sie ihre Arbeitszeit reduzieren, weil sie die Schulthemen ihrer älter werdenden Kinder mit einem Vollzeitjob nicht mehr in Einklang bringen können. Denn, darin sind sich alle Working Moms einig: Die Betreuung und Begleitung wird nicht einfacher, wenn die Kinder groß werden, sondern im Gegenteil schwieriger. „Das Spielen mit kleinen Kindern kann man auch mal an eine Nanny delegieren. Die Gespräche und die Unterstützung von Teenagern nicht", sagt Silke Richter-Derix, eine Frankfurter Working Mom.

Deshalb hat sie sich mittlerweile eines angewöhnt: Wenn ihre Kinder anrufen, weil sie etwas auf dem Herzen haben, nimmt sie sich die Zeit dafür — auch wenn es mitten in einer wichtigen Konferenz ist. „Solche Gespräche kann man nicht verschieben. Zehn Minuten später wollen sie vielleicht schon gar nicht mehr darüber reden", sagt die Managerin. Sie fügt nach einer Pause hinzu: „Meine Kinder sind das Allerwichtigste für mich. Wenn sie ein wichtiges Anliegen haben, lasse ich alles andere stehen und liegen." Das setzt einerseits voraus, dass sich ihre Tochter oder ihr Sohn nicht ständig melden, weil ihnen vielleicht langweilig ist. Es bedeutet andererseits für Arbeitgeber, dass sie ein solches Verhalten akzeptieren sollten, um gute Mitarbeiter mit Familie zu halten.

Im Prinzip gibt es zwei Möglichkeiten für berufstätige Eltern von Schulkindern: Ihre Kinder gehen auf eine Ganztagsschule, wo nicht nur die Nachmittagsbetreuung gesichert ist, sondern wo sie auch die Hausaufgaben in der Schulzeit erledigen. Oder sie brauchen eine private Nachmittagsbetreuung, die bereit und in der Lage ist, sich in Integralrechnungen und Schopenhauer-Schriften einzuarbeiten.

Die Hamburger Anwältin Antje Baumann hatte es anfangs mit der naheliegenden Lösung versucht: Ihr Sohn ging auf ein gewöhnliches Gymnasium mit Schulschluss am Mittag, keiner vernünftigen Nachmittagsbetreuung und Massen an Hausaufgaben. Dann verlor er aber die Lust am Lernen, kam nicht mehr mit – und die Kinderfrau war schnell mit den Themen überfordert. So saßen Mutter und Sohn abends und am Wochenende über den Hausaufgaben oder den Klausurvorbereitungen und bekamen schlechte Laune.

Für die Mutter war das ein fürchterlicher Zustand, wollte sie doch die Zeit mit ihren Kindern in grundsätzlich guter Atmosphäre und harmonischer Stimmung verbringen. Knapp ein Jahr sah sie sich das an – und bewarb sich für ihren Sohn um einen Platz auf einer „echten" Ganztagsschule. Im Sommer 2015 wurde er auf der Bugenhagen-Schule in Hamburg angenommen und seitdem klappt es deutlich besser. Unter anderem, weil die Hausaufgaben in der Schule erledigt werden.

Damit die Stuttgarterin Anja Unglaub diese Kehrtwende gar nicht erst machen muss, hat sie sich ab Klasse eins für eine private Schule für ihre Tochter entschieden. Es gab wenige Hortplätze an in Frage kommenden Schulen, zudem erschien ihr die Betreuungsqualität nicht gut. Nun geht ihre Tochter seit diesem Jahr auf eine Privatschule. „Ich hätte lieber eine öffentliche Schule ausgewählt", sagt Unglaub. „Allerdings wünsche ich mir eine gute Betreuung und verlässliche Betreuungszeiten. Beides zusammen wird in meinem Umfeld nur von privaten Einrichtungen angeboten."

Es sind viele solcher Aussagen von Working Moms zu hören. Doch es gibt auch Beispiele, die zeigen, dass die Betreuung durch öffentliche Ganztagsschulen funktioniert. Julia Leichnitz ist zufrieden mit ihrer Schulwahl. Ihre neunjährige Tochter besucht eine Hamburger Grundschule, die mit einem Hort kooperiert. Dort kann sie zu Mittag essen, unter Aufsicht Hausaufgaben machen, Freizeitangebote nutzen oder schlicht spielen. Bis 18 Uhr ist die Einrichtung geöffnet, häufig wird sie von ihren Eltern oder befreundeten Eltern gegen drei oder vier Uhr abgeholt.

Möglicherweise ist es kein Zufall, dass diese Schule in Hamburg steht. Die Landesregierung hat in den vergangenen Jahren alle 200 Grundschulen zu Ganztagsschulen ausgebaut, an den weiterführenden Schulen gibt es sogenannte offene Ganztagsangebote. Die Nutzung ist für alle Kinder beziehungsweise ihre Eltern freiwillig. Nach dem quantitativen Ausbau steht nun die Steigerung der Qualität im Fokus. Dennoch haben sich nach Angaben des Bildungssenators bereits jetzt fast 80 Prozent zur Teilnahme angemeldet.

Julia Leichnitz hat sich mit den Eltern von den Freunden ihrer Tochter kurz geschlossen und ein regelrechtes Netzwerk gesponnen, um sich die Abholung vom Hort oder das Nachmittagsprogramm kurzfristig aufzuteilen. Per WhatsApp oder Kurznachrichten bitten sie sich bei Bedarf gegenseitig, das eigene Kind mit zum Hockey-Training zu nehmen oder zum Spielen zu den Nachbarn nach Hause. Läuft hingegen alles nach Plan, holt die Ingenieurin ihre Tochter dreimal pro Woche ab, ihr Mann an den übrigen Tagen.

> **TIPP** „Es macht Sinn, sich mit anderen Eltern zusammenzutun. Das Ferienprogramm unserer Jungs organisieren wir gemeinsam mit anderen Familien. Wenn sie Freunde haben, mit denen sie ins Zeltlager fahren, bringt es unseren Söhnen viel mehr Spaß – und sie trauen sich dann zu, ohne uns zu verreisen."
>
> *Elke Walther, zweifache Mutter*

Ein ähnliches Netzwerk hat Elke Walther aus München für ihre zwei Söhne, zwölf und 15 Jahre alt. Es greift allerdings eher in den Schulferien. Die Jungs sind inzwischen groß genug, um nach der Ganztagsschule alleine nach Hause zu fahren. Vor den Sommerferien setzt sich die Münchnerin mit zwei Eltern von befreundeten Jungs zusammen, um ein Programm zu organisieren: Ausflüge, Themenwochen, Wanderungen. Jeder bringt Wünsche und Vorschläge ein, recherchiert Ideen und bereitet sie vor. In den Ferien selbst ziehen die Jungs dann ins Zeltlager, zu den Omas und Opas oder zu anderen Freizeitaktivitäten. Mal bleiben sie hier drei Tage, dort eine Woche. Mit Übernachtung und Verpflegung. Das bedeutet, dass die Eltern in der Zeit den Rücken frei haben, um arbeiten zu können.

Elke Walther, regionale Vertriebsleiterin in der Pharmabranche, arbeitet schon immer Vollzeit. Sie ist inzwischen Profi darin, 13 Wochen Schulferien mit sechs Wochen Arbeitnehmerurlaub in Einklang zu bringen. Deshalb haben sich ihre Jungs schon früh daran gewöhnt, einen Teil der Ferien auch ohne Eltern, aber mit Freunden zu verbringen. Den ersten Versuch unternahm ihr Ältester im Alter von fünf Jahren: Zusammen mit einem Freund ging er mit dem Deutschen Alpenverein auf Wanderung – mit einer Übernachtung auf der Hütte. Die Jungs fanden es großartig und kamen stolz und gefühlte Zentimeter größer wieder nach Hause. Gefunden hatte die Mutter das Angebot bei einer ziemlich orientierungslosen Google-Suche: „Bauernhofreisen für Kinder ohne Eltern". Inzwischen ist aus der Wandertour eine Woche Zeltlager geworden, zu dem sie jeden August mit Freunden fahren.

11. Wahnsinn Alltag:
Jetzt den Kopf oben behalten

Mit dem Selbstverständnis fängt es an

Wenn Isabel Hochgesand junge Mitarbeiterinnen coacht, skizziert sie folgende Situation: Ein gefüllter Wasserkrug, mehrere leere Becher. Diese Becher soll ihr Coachee mit Begriffen beschriften, die ihr wichtig sind und für die sie Zeit aufwendet: Beruf, Familie, Freunde, Sport, Feiern, Schlaf etc. Anschließend ist das Wasser entsprechend den Prioritäten, die die Mitarbeiterin diesen Themen zuspricht, zu verteilen. Steht jemand am Anfang ihrer Karriere, wird sie sicher viel Wasser in den Berufsbecher füllen, geht sie leidenschaftlich gerne feiern, ist der Schlafbecher weniger gefüllt.

„Wichtig ist, dass man sich bewusst macht, dass man nur eine bestimmte Menge an Wasser, also Zeit, zu verteilen hat", sagt Hochgesand, Geschäftsführerin von Procter & Gamble. Mit der Geburt des ersten Kindes kommt ein Familienbecher hinzu, der auch gefüllt werden will — ohne dass allerdings mehr Wasser zum Verteilen da ist. Woher holt man sich das Wasser? Aus dem Feierbecher? Dem Berufsbecher? Stellt man seine Hobbys zurück?

Hochgesand, selbst Mutter zweier Kinder, findet diese Übung für jeden und jederzeit hilfreich, weil sie verdeutlicht: Niemand kann alles schaffen. Und Zeit ist endlich. Deswegen gibt die Frage auch im Alltag zwischen Arbeit und Familie Orientierung, zwischen Netzwerkevent und Elternabend, zwischen Geburtstagskuchen und Gartenpflege: Was ist mir wichtig? Wofür investiere ich Zeit, weil es mir etwas bedeutet — und wo gewinne ich Zeit, weil mir die Sache unwichtig ist? Insbesondere Working Moms müssen Prioritäten setzen, glaubt die Managerin: „Gerade Frauen meinen, dass sie immer noch mehr schaffen und überall perfekt sein können. Natürlich funktioniert das nicht."

Mit dieser Einstellung lebt auch die Frankfurterin selbst deutlich gelassener. Früher hat sie nach der Arbeit und dem Abendessen lange aufgeräumt, die Platzsets vom Tisch genommen, die Blumen angeschnitten und Herumliegendes wegsortiert. „Das mache ich heute nicht mehr. Ich habe gelernt, wann es genug ist und ich auch mal Fünfe gerade sein lassen sollte."

Dazu gehört auch, dass sie sich ein dickes Fell zugelegt hat. „Das macht man nicht! Das geht doch nicht!" Solche Kommentare ignoriert sie. Einen gewissen Pragmatismus hat sie aus den USA von ihrer Zeit in der Zentrale von Procter & Gamble — siehe Kapitel „Eine Glaubensfrage: Vollzeit oder Teilzeit?", Seite 62 — mitgebracht. Dort arbeiten viele Mütter schon acht Wochen nach der Geburt aus wirtschaftlichen Gründen wieder. Beispiel Kindergeburtstag: Wer gerade viel Zeit hat, kann die Dekoration für Zuhause selbst nähen, die Kuchen verzieren und sich ein umfangreiches Programm für ein paar Handvoll Knirpse überlegen. Wer sich die Zeit nicht nehmen kann oder will, sollte sich selbstbewusst für eine andere Alternative entscheiden: Ponyhof, Schwimmbad, Kletterwald, Schmuckwerkstatt, Skaterhalle, Kino: Die Möglichkeiten sind zahlreich. Nur weil man als Kind seine Geburtstage immer zu Hause gefeiert hat, muss es nicht heißen, dass Außer-Haus-Feste für die eigenen Kinder schlechter oder weniger liebevoll sind. Wichtig ist doch viel eher, dass Mütter wie Väter gut gelaunt und mit Engagement bei der Feier dabei sind — und nicht in den Seilen hängt, weil sie die halbe Nacht Kuchen gebacken und Geschenketütchen für die Gäste gepackt haben.

TIPPS: ENTSPANNTE KINDERGEBURTSTAGE

▸ Bei www.deineprinzessin.de können Königstöchter für Hamburg und Köln gebucht werden (ab 99 Euro).

▸ Der Besuch eines Tonstudios kann bundesweit unter www.deintonstudio.de organisiert werden. Die Kinder proben zwei bis drei Songs, die professionell aufgenommen und geschnitten werden. Als Mitbringsel erhält jeder die aufgenommene CD mit nach Hause (je nach Anzahl der Songs und Kinder zwischen 120 und 200 Euro).

▸ Fast alle Museen in großen Städten bieten organisierte Kindergeburtstage für Fünf- bis Zwölfjährige an. Von der Ritterfeier über die Modeparty bis hin zur Trickfilmwerkstatt.

- Der Besuch in einer Kerzenwerkstatt, einem Keramik-Kreativ-Studio oder einer Perlenboutique erfreut kreative Grundschulkinder. Die Mitbringsel für die Gäste werden vor Ort erstellt.

- Für selbst organisierte Schnitzeljagden bietet die kostenlose und leicht bedienbare App Actionbound Unterstützung.

- Für alle, denen die Zeit für das Kuchen- oder Tortebacken fehlt: Torteletts kaufen, gesüßten Joghurt obendrauf und mit frischen Beeren belegen. Dauert fünf Minuten und kommt super an.

- Und wer mal etwas ganz Besonderes möchte: Piratenparty, Beauty-Feste, Agentenfeier, GPS- oder QR-Code-Rallye werden von Agenturen in fast jeder großen Stadt angeboten.
  www.kidsevent-hamburg.de gibt es in Hamburg und München, www.das-wunschpaket.de in Berlin (ab 150 Euro für sechs Kinder), www.raffini-kinderevents.de in Ludwigshafen sowie www.liebkind-events.de in Stuttgart.
  www.kindergeburtstage-muenchen.de ist ein Portal für Münchner Geburtstagsdienstleister. Hier finden sich Angebote von Clowns und Märchenerzählern genauso wie Stadtführungen oder Naturerlebnistouren.

Genau dieselben Erfahrungen wie Isabel Hochgesand hat auch Mirja Gerlach gemacht und sich vorgenommen: Raus aus der Perfektionsfalle! „Früher dachte ich, ich kann alles schaffen." Sie war stolz, wenn sie mehrere Sachen parallel hinbekommen hat, auch wenn sie am Ende geschafft war und abends auf dem Sofa einschlief.

Jungen Frauen rät sie, eine verlässliche Aufgabenteilung frühzeitig mit dem Partner zu besprechen und darauf zu beharren. Denn wer anfangs alle Kinderthemen an sich reißt und erst nach Monaten oder Jahren feststellt, dass alles zu viel wird, muss deutlich mehr Energie aufwenden, den Partner von der Mitarbeit zu überzeugen, hat die Mutter dreier Kinder festgestellt. Was vielleicht sogar verständlich ist: „In den Augen des Mannes hat doch vorher alles gut geklappt."

TIPP „Hilfe annehmen und pragmatisch sein: Es gibt viele Möglichkeiten, sich Arbeit abnehmen zu lassen. Und sei es durch den Lieferdienst eines Online-Lebensmittelhändlers."

Ivonne Feldermann, Mutter zweier Kinder

Hilfe annehmen. Und Mut zur Lücke!

Glücklicherweise gibt es einige praktische Hilfen, die berufstätigen Eltern das Leben leichter machen. Ivonne Feldermann, selbständige Beraterin aus Düsseldorf mit zwei kleinen Kindern, setzt auf viel Unterstützung durch Dritte. Es hat eine Weile gedauert, bis sie sich ein regelrechtes Netzwerk aus Helfern und Dienstleistern zusammengestellt hat, weil sie manches gerne selber machen wollte: Das Abholen der Töchter teilt sie sich mit ihrer Kinderfrau, das Kochen übernimmt sie abends und am Wochenende. Weil sie damit neben ihrer Arbeit gut ausgefüllt ist, hat sie jetzt Unterstützung beim Putzen, jemand anderes übernimmt das Bügeln und auch zum Fensterputzen kommt gelegentlich ein Profi ins Haus.

Das Einkaufen von Lebensmitteln und Dingen des täglichen Bedarfs erledigt die Mutter inzwischen fast nur noch online: Supermärkte wie Edeka oder Rewe liefern ihr Produkte schnell und ab einem gewissen Warenwert auch versandkostenfrei – ähnlich wie reine Online-Anbieter, etwa www.mytime.de und www.allyouneedfresh.de, um nur einige zu nennen. Nachdem der Lebensmittelhandel lange gezögert hat, gibt es immer mehr Angebote im Netz.

Und das betrifft fast alle Dienstleistungen, die für Berufstätige interessant sind: Von der Vermittlung von Reinigungskräften (www.happymaids.de, www.helpling.de oder www.bookatiger.com) über die Suche nach Babysittern (www.betreut.de, www.hallobabysitter.de) bis hin zum Angebot so genannter Kochboxen inklusive Rezept (www.hellofresh.de, www.kochzauber.de, www.kochhaus.de oder www.marleyspoon.de). Start-ups wie Eating with the Chefs oder Dinnery lassen sogar Restaurantköche vorkochen, was zu Hause nur noch aufgewärmt werden muss.

Die Wochenendplanung übernimmt im Hause Feldermann die ganze Familie. Sonntags ist grundsätzlich Mama-Papa-Kinder-Tag. Jeder ist reihum einmal dran, sich ein Ausflugsziel oder Wunsch-Aktivitäten zu überlegen – auch die Kinder. Ohnehin findet Feldermann es wichtig, dass sich die Familie als Team sieht, die gemeinsam tolle Sachen macht und Schönes erlebt; nicht als Einheit, die organisiert werden muss. „Ich versuche, immer etwas Spaß in den Alltag zu bringen", sagt Feldermann. „Auch wenn ich Wünsche äußere, verstecke ich meinen Humor nicht. Egal worum es geht, ich versuche immer nett zu bleiben."

In der Familie Meyel stellt sich die Frage nach der Freizeitgestaltung nur noch selten. Diana Meyel, Mitglied der Geschäftsleitung bei Cipio Partners, einer Kapitalbeteiligungsgesellschaft, pflegt mit ihrem Mann gemeinsame

Hobbies – und inzwischen auch mit ihrem elfjährigen Sohn. Im Winter geht die Familie Skifahren. Nicht nur ab und zu oder in den Ferien, sondern nach Möglichkeit auch an den Wochenenden. Die Meyels leben im Münchner Umland und sind nach kurzer Autofahrt direkt am Lift. „Die Bewegung, die frische Luft, das Erlebnis als Familie tun uns sehr gut", sagt die 43-Jährige.

Sie ist froh, längst auch eine Sommer-Variante für alle drei gefunden zu haben. Sie und ihr Mann sind leidenschaftliche Golfer. Vor einigen Jahren hat auch ihr Junge mit dem Sport angefangen. Gut möglich, dass während der Pubertät andere Interessen in den Vordergrund rücken, aber die Mutter findet es toll, dass sie und ihr Mann nun auch beim Golfen eine gemeinsame sportliche Basis mit ihrem Jungen haben – weil es eine tolle Möglichkeit ist, Familienzeit zu verbringen und Gespräche zu führen, die am Küchentisch vielleicht schwerer fallen. Gleichzeitig bringt der Wettkampf um den besten Schlag die Drei zusammen.

Julia Leichnitz setzt bei der Organisation ihres Alltags stark auf ihr Smartphone. „Ohne Outlook und Kurznachrichtendienste wäre das Familienleben ungleich schwieriger", sagt sie schmunzelnd. Sie und ihr Mann nutzen denselben virtuellen Jobkalender, in den sie sich gegenseitig Termine einstellen, die die Familie oder ihre Tochter betreffen. Neben den Arbeitsterminen gibt es dann verschiedene Arten von Eintragungen, die ihre Kollegen nicht sehen können: Etwa eine persönliche Erinnerung, dass ihre Tochter beispielsweise am nächsten Tag ihre Geige mitnehmen muss, oder einen Terminblocker, weil sie nachmittags für die Abholung des Mädchens zuständig ist. „Lustig wird es, wenn Luise ihren eigenen Kalender haben wird", sagt sie schmunzelnd, weil dann drei Pläne aufeinander abgestimmt werden müssen – und zuckt mit den Schultern: Die Anschaffung eines Smartphones ist bei einer Neunjährigen wohl nicht mehr allzu weit entfernt.

Kinder zur Selbständigkeit erziehen

Bei Elke Walther finden solche Abstimmungen noch analog statt. Morgens, bevor alle das Haus verlassen, bespricht die Münchnerin mit ihrer Familie: Was steht tagsüber an, wer kommt wann nach Hause, was soll gekocht werden und wer kauft ein? Die zwei Söhne der Pharmavertriebsleiterin sind schon zwölf und 15 Jahre alt, sie kommen eigenständig zur Ganztagsschule und wieder nach Hause. Sie haben es schon früh gelernt mit anzupacken. Beim Tischdecken helfen sie beispielsweise, seitdem sie jeweils vier Jahre alt sind.

„Man muss aushalten können, dass die Geschirrspülmaschine dann weit davon entfernt ist, perfekt befüllt zu sein, aber das kann ich meistens", sagt Elke Walther lachend. Selbständige junge Männer aufzuziehen, die anfallende Arbeiten in der Küche mit erledigen und sich selbst versorgen können, ist ihr Ziel. Wenn sie und ihr Mann abends nicht zu Hause sind, machen sie sich ein Spiegelei und essen auch mal ohne die Eltern Abendbrot. Darüber hinaus hat jeder seine eigenen kleinen Aufgaben im Haushalt, etwa die Entsorgung des Altglases im Container in der Nachbarschaft.

Ein anderes Beispiel für Walthers Pragmatismus sind die Dutzenden Kuchen, die eine Mutter Jahr für Jahr backt, egal ob für den Geburtstag, Schulfeiern oder den Kuchenbasar im Sportverein. Weil die zweifache Mutter nicht immer Zeit − oder Lust − hat, selbst den Rührbesen zu schwingen, entwickelte sie eine kreative Alternative. „Ich verziere gekaufte Muffins mit Schokoglasur. Ist genauso liebevoll, geht aber viel schneller." Dass manche Backprofis unter den Müttern über solche Kuchen den Kopf schütteln, versteht sich von selbst. Die Vertriebsmanagerin interessieren solche Meinungen aber nicht. „Frauen machen sich zu viele Gedanken", meint sie. Leiden Kinder darunter, dass sie keinen selbstgebackenen Kuchen mit in die Schule bringen? Oder schadet es ihnen, wenn ihre Mutter ab und zu auf Geschäftsreise ist? „Solche Gedanken sind absurd", meint sie. „Auch Müttern schadet eine gesunde Portion Egoismus nicht." Damit meint sie: Ist die Mutter glücklich, sind es die Kinder auch.

Die Konrad-Adenauer-Stiftung belegte dieses Bauchgefühl im Oktober 2015 mit einer Studie: Die Zufriedenheit und das Wohlbefinden in Familien nehmen zu, heißt es darin, wenn Frauen ihr Muttersein den eigenen Erwartungen gemäß gestalten können. Weiterer positiver und wünschenswerter Effekt: Sind Mütter berufstätig, steigt das Engagement von Vätern in der Erziehung und aktiven Begleitung der Kinder. Nicht zuletzt haben die Berufstätigkeit und Leistungsbereitschaft von Müttern einen positiven Einfluss auf Schulleistungen, schulisches Selbstvertrauen und Leistungsmotivation von Jugendlichen.

Elke Walther kann alle diese Vorteile aus dem eigenen Erleben heraus unterstreichen und bietet ein individuelles Beispiel, warum ihre Söhne ihre Berufstätigkeit und die damit verbundene Selbständigkeit und Unabhängigkeit schätzen. Alle drei Monate lädt sie einen Kreis von Freundinnen zum Tapas-Abend ein. Die Gespräche drehen sich um Job, Schule, Lehrer, die Ferienbetreuung. Dabei wird gegessen, gelacht und getrunken. Ihre Kinder freuen sich immer sehr auf den Abend: Es ist was los im Haus und sie organisieren sich selbst: Die Jungs bedienen sich am Buffet, nehmen sich Speisen und Getränke mit auf ihr Zimmer, drehen die Musik auf und machen ein Picknick auf dem Fußboden. Insgeheim wissen sie, dass ihre Feier die bessere von beiden ist.

TIPP „Wer sich mehr Freiraum wünscht, muss sich ihn organisieren. Ohne klare Kommunikation der Bedürfnisse und ohne klare Ansagen gegenüber der Familie werden Mütter lange auf Unterstützung oder einen freien Abend warten."

Elke Walther, Mutter zweier Söhne

Es gibt einige Parallelen zwischen Anke Bytomski-Guerrier und Elke Walther. Beide erziehen ihre Kinder zur Selbständigkeit und beide sorgen dafür, dass sie ihren Freiraum haben. Mit dem Unterschied allerdings, dass die Familie der Berlinerin Bytomski-Guerrier fast doppelt so groß ist wie die der Münchenerin.

Anke, du hast zwei Söhne, dein Mann zwei Töchter, plus eine gemeinsame Tochter. Sie sind im Alter zwischen fünf und 22 Jahren. Welche Regeln gibt es in eurem Haushalt?

Anke Bytomski-Guerrier: „Um 18 Uhr sind alle Kinder zu Hause. Einzig mögliche Entschuldigung: die Trainingszeiten im Sportverein. Zum Abendbrot kommen wir alle nach dem Tag zusammen, erzählen uns, was wir erlebt haben, welche Probleme oder Highlights es gab. Diese Zeit ist mir heilig, deshalb werden auch alle Handys weggelegt und keiner geht ans Telefon, falls es klingelt. Selbstverständlich ist, dass alle mithelfen: Aufdecken, abräumen, das machen wir gemeinsam."

Nur eure Fünfjährige hat weder Smartphone noch Computer. Gibt es bei euch zu Hause viele Diskussionen wegen der Nutzung von Medien?

„Das ist schon ein Thema, aber wir haben mit jedem eine individuelle Lösung gefunden. Alle Geräte sind mit Kindersicherung versehen, über unseren Router haben wir die Zugangszeiten ins WLAN eingegrenzt. Unser 15-Jähriger darf beispielsweise maximal anderthalb Stunden zwischen 17 und 20 Uhr ins Netz. Mit diesen Regelungen schaffen wir es, allzu viele Diskussionen zu vermeiden."

Gibt es auch individuelle Schlafenszeiten für jeden?

„Nicht ganz. Um 20 Uhr geht jeder auf sein Zimmer. Das bedeutet nicht, dass die Größeren dann schon schlafen müssen, aber wir beantworten keine Fragen mehr. Da sind wir auch strikt. Ich gehe selbst ja nicht viel später schlafen."

Gilt das auch am Wochenende?

„Nein, da machen wir eine Ausnahme. Allerdings gibt es auch dann keine Fernsehabende wie vielleicht in anderen Familien. Wegen der ständigen Diskussionen haben wir schon vor sechs Jahren unser TV-Gerät abgeschafft. Stattdessen haben wir einen Beamer gekauft, und in der kalten Jahreszeit machen wir freitags häufig einen Kinoabend mit Popcorn und Softdrinks. Die Filmauswahl ist zwar verhältnismäßig eingegrenzt, weil auch unsere Jüngste mitschaut und die Filme keine Altersbeschränkung haben dürfen, trotzdem ist es immer ein besonderer Abend für alle."

Euer Haus ist per se voll. Kommen manchmal Freunde eurer Kinder zum Übernachten?

„Ja, hin und wieder. Was ich ganz aktiv in Gang gebracht habe, ist der Austausch mit Nachbarskindern. Ich bin zu mehreren Familien in der Umgebung gegangen, habe mich vorgestellt und sie eingeladen: Zum kleinen Sommerfest, zu Halloween, zum Plätzchen backen — je nachdem, was passte. Es ist so angenehm, wenn Kinder in der Nähe Spielkameraden haben, deswegen habe ich dieses bewusste Kennenlernen forciert. Mit der Zeit sind tatsächlich Freundschaften entstanden und so schlafen unsere Kinder auch mal woanders beziehungsweise die Nachbarskinder bei uns."

TIPP „Nachbarschaftshilfe ist unersetzlich. Wenn Kinder Freunde in der Nähe haben, wird der Alltag leichter. Deswegen habe ich mich bei Familien in der Nachbarschaft vorgestellt und sie zum Grillen oder zum Plätzchen backen eingeladen."
Dr. Anke Bytomski-Guerrier, Patchwork-Mutter mit fünf Kindern

---

Willkommen im Club: Jetzt braucht ihr ein dickes Fell!

Kollegen oder Menschen aus dem privaten Umfeld konfrontieren berufstätige Mütter häufig mit flapsigen Sprüchen. Manche davon sind noch nicht mal böse gemeint, trotzdem erzeugen sie bei den Frauen Sprachlosigkeit, nicht selten auch Verärgerung. Nachfolgend eine kleine Auswahl an Zitaten.

„Du musst dir diesen Stress doch nicht machen. Dein Mann verdient doch genug.“

„Den Vogel schoss kürzlich eine Lehrerin ab. Im Elterngespräch sagte sie mir, dass meine Tochter erstaunlicherweise die Klassenbeste im Lesen sei: ‚Und das, obwohl Sie doch arbeiten.‘“

„Als ich in der Firma mitteilte, dass ich nach dem Mutterschutz Vollzeit wiederkommen wollte, sagten mir die Kollegen aus der Personalabteilung: ‚Das finden wir nicht gut.‘“

„Ich staune oft, mit welchem Perfektionismus andere Mütter zu Werke gehen: Die meisten Basteleien ihrer Kinder sehen im Leben nicht aus, als wäre ein Minderjähriger daran beteiligt gewesen. Das nervt, weil sie andere Kinder damit unter Druck setzen.“

„Bei einem Elternabend im Gymnasium begrüßten uns die Vertreter des Schulvereins mit den Worten: ‚Wie schön, dass heute auch ein paar Väter dabei sind – als Vertreter der Arbeitswelt. Wir sind noch auf der Suche nach Praktikumsplätzen für die älteren Schüler.‘ Kurze Zeit zuvor hatte man uns Mütter für die regelmäßige Mitarbeit in der Schulkantine verpflichten wollen.“

„Sechs Monate Elternzeit sind doch eigentlich sechs Monate Elternzeit. Als mein Mann aber verkündete, dass er ein halbes Jahr Babypause machen würde, fragten Vorgesetzte und Kollegen ungläubig: ‚So lange?‘ Als ich dasselbe mitteilte, hieß es: ‚Was, so kurz?‘“

„Wenn meine Kollegen mich ungläubig fragen, ob ich unbedingt arbeiten muss und ob mein Mann in der Elternzeit tatsächlich mit unserer kleinen Tochter zurechtkommt, nehme ich es mit Humor: ‚Ich fahre besser schnell nach Hause und sehe nach ihnen‘, sage ich dann und mache Feierabend.“

„Warum tut eigentlich alle Welt so, als sei es ungewöhnlich, dass wir arbeiten und dabei nicht auf Kinder verzichten wollen? Meine Großmutter hatte als Bäuerin eine wesentlich härtere Arbeit und hat nie in Frage gestellt, dass sie Kinder haben würden. Ist es nicht ein merkwürdiges Phänomen, wenn wir uns wegen zweier völlig selbstverständlicher Dinge Stress machen?“

12. Nicht nur Working Mom

Ist das erste Kind auf der Welt, scheint es für die meisten Mütter in weiter Ferne, dass sie mal wieder alleine ausgehen oder das Wochenende mit Freundinnen verbringen können. Tatsächlich ist es so, dass in den kommenden Jahren Familie und Beruf ganz oben auf der Prioritätenliste stehen. Doch die gute Nachricht lautet: Auch Mütter haben ein Recht auf Erholung und Ausgleich. Manchmal müssen sie ein bisschen stärker darauf pochen, manchmal kommen sie ganz leicht dazu. Und wenn es Zeiten gibt, in denen die Kleinen besonders an ihrer Mutter hängen und sie nicht gehen lassen wollen, hilft womöglich sogar ein Bibelwort: „Alles hat seine Zeit." Wenn man das akzeptiert, sind auch anstrengende Phasen leichter durchzustehen.

Kleine Kinder, wenig Spielraum

Mütter kleiner Kinder verstehen die Volksweisheit nur bedingt: „Kleine Kinder, kleine Sorgen, große Kinder, große Sorgen." Der wenige Schlaf, die Aufsichtspflicht rund um die Uhr, die Verantwortung für ein unselbständiges Wesen, die mitunter häufigen Krankheiten: Das sind zwar nicht alles ernste Sorgen, aber mindestens Herausforderungen. Und wie kann das noch gesteigert werden?

Kleine Fluchten können helfen, um diesem anstrengenden Alltag vorübergehend zu entkommen. Viele Working Moms schließen Vereinbarungen mit ihrem Partner, damit jeder für eine gewisse Zeit alleine weggehen und -fahren darf, um auszuspannen, sich zu erholen oder Inspiration zu tanken: Sei es der regelmäßige Abend unter der Woche, ein Wochenende oder zwei mit Freundinnen oder auch eine ganze Woche.

Für Tina Weiler-Normann müssen es allerdings gar nicht diese großen Aktionen sein, für sie genügt manchmal eine Flucht um die Ecke; an den Backofen: „Wenn alles zu viel ist, gehe ich in die Küche", erzählt die Mutter zweier Mädchen, sechs und acht Jahre alt, die als Oberärztin arbeitet. „Ich koche und backe für mein Leben gerne." Selbstredend ist das ein anderes Kochen als eine Hausfrau es kennt, die ein tägliches Mittagessen auf den Tisch bringen muss. Weiler-Normanns Kinder essen im Kindergarten und der Schule, bevor eine Kinderfrau sie abholt. Abends sitzen Mutter und Töchter bei einem einfachen Abendbrot zusammen.

Der Vater der Kinder ist als Unternehmensberater tätig und nur am Wochenende zu Hause.

Daher gefällt es der 40-Jährigen, sich samstags oder sonntags in die Küche zu stellen und ein Menu zu zaubern oder einen Kuchen zu backen — während ihr Mann mit den Kindern tobt oder Ausflüge macht. „Meine Familie isst total gerne", erzählt die Mutter. Weder Mann noch Kinder nehmen eine besondere Mahlzeit als selbstverständlich hin. „Sie wertschätzen es, deshalb macht es mir doppelt Freude." Wenn sie irgendwann mal viel Zeit habe, erzählt sie, werde sie sogar ein Kochbuch für Familien veröffentlichen.

TIPP „Wenn alles zu viel ist, gehe ich am Wochenende in die Küche. Während mein Mann etwas mit den Kindern unternimmt, backe ich einen Kuchen oder koche ein schönes Essen. Das entspannt mich – und meine Familie nimmt es dankbar an."
Dr. Christina Weiler-Normann, Oberärztin, Mutter zweier Kinder

Alle anderen Fluchten sind noch Zukunftsmusik, berichtet die Hamburgerin — im wahrsten Sinne des Wortes. Früher spielte sie Klavier, jetzt würde sie gerne Saxophon lernen. Vor einem guten Jahr hat sie sich ein Instrument gekauft, allerdings steht es noch ungenutzt in der Ecke herum. „Das muss wohl noch zwei, drei Jahre warten, bis die Kinder auch mal eine Stunde alleine zu Hause bleiben können, damit ich Unterricht nehmen kann." Die kostbaren Morgen- und Abendstunden verbringt sie zurzeit ausschließlich mit den Kindern. Wenn sie größer sind, so hofft sie, ergibt sich auch für sie wieder mehr Freizeit.

Andrea Jochum hat dieselbe Hoffnung. Sie ist Mutter zweijähriger Zwillinge — und ganz allmählich hat sie wieder Lust und Energie, sagt sie, sich einem Hobby zu widmen. Pole Dancing hat sie sich kürzlich ausgesucht, das Tanzen an der Stange. Weil sie irritierte Blicke gewohnt ist, da der Stangentanz häufig im Rotlichtmilieu verortet wird, fügt die 34-Jährige schnell hinzu: „Das ist ein super Work-Out." Auch ihr Mann hat sich vor einer Weile im Fitnessstudio angemeldet, so dass sich jeder nun ein oder zwei Abende pro Woche für das eigene Hobby nimmt, wenn die Kinder im Bett sind. Am Wochenende ist dafür Familienzeit, die sie zu viert verbringen. „Dann klinkt sich eigentlich keiner von uns aus, und sei es nur für zwei, drei Stunden."

Damit sie trotzdem Paarzeit haben, begannen die Marketingmanagerin und ihr Mann früh damit, ihre Zwillinge am Wochenende gelegentlich bei den Großeltern einzuquartieren. Sie wohnen in der Nähe und freuen sich, wenn sie ihre Enkelkinder exklusiv für sich haben. Das Paar nutzt diese Zeit dann, um sich ein Wellness-Wochenende zu gönnen oder einfach mal auszuschlafen.

> **TIPP** „Damit mein Mann und ich mal ausschlafen und Zeit alleine verbringen können, übernachten unsere Zwillinge schon seit ihren ersten Lebensmonaten hin und wieder bei ihren Großeltern."
> *Andrea Jochum, Mutter zweijähriger Zwillinge*

Ortswechsel nach Frankfurt zu Uta Lecker-Schubert: Ihre Hobbyliste klingt, als gehörte sie einem kinderlosen Paar: Laufen, Marathonteilnahme, Privatpilotlizenz im Motorflug, Motorradfahren, Jahresabonnement für Museen, wöchentliche Besuche einer Hundeschule und Mitgliedschaft in einem Fitnessstudio. Wie bekommt man das alles unter einen Hut, Uta?

„Das Wichtigste ist, dass nichts davon auf Krampf passiert und zu der jeweiligen Lebenssituation passt", sagt die Mutter dreier Kinder. Selbstredend übt sie diese Freizeitbeschäftigungen nicht alle parallel aus, fügt sie hinzu. Als ihr mittlerweile erwachsener Sohn — siehe auch Kapitel „Wunschkinder: wann ist der perfekte Zeitpunkt", Seite 17 — größer wurde, ist sie regelmäßig mit ihm zum Flugplatz gefahren. Er ist mit ihr mitgeflogen, bis er selbst seinen Flugschein machte.

Dieses Hobby ist aktuell in den Hintergrund getreten, weil es mit ihren kleinen Töchtern, zwei und drei Jahre, schwierig wäre. Lecker-Schubert hat noch einmal geheiratet und spät Kinder bekommen. Deswegen ist die Netzwerkmanagerin aber nicht weniger energiegeladen: „Ich laufe gerne, das passt immer rein und ist ein schöner Ausgleich. Vor zwei Jahren habe ich sogar vier Monate nach der Geburt meiner jüngsten Tochter an einem Staffellauf beim Düsseldorfer Marathon teilgenommen", erzählt sie.

Inzwischen ist sie mit ihrem Mann und ihren zwei Mädchen sowie einem Au-pair-Mädchen ins Frankfurter Umland gezogen. Jetzt ist der samstägliche Besuch der Hundeschule ein fester Bestandteil in ihrem Kalender. Die Familie hat sich einen Continental Bulldog angeschafft, einen athletisch gebauten, bulldogartigen, aber beweglichen Hund. Das bedeutet zwar einerseits mehr Verpflichtungen, andererseits ist es eine Freizeitbeschäftigung, die die ganze Familie verbindet.

Die 44-Jährige ist guter Dinge, dass sie ihre Hobbys wieder intensiver ausleben und auch auf das Motorrad steigen kann, wenn ihre Töchter größer sind. Derweil freut sie sich, wenn sie es ins Fitnessstudio schafft oder einfach mal ein paar ruhige Stunden für sich hat. Denn dass ihr Leben weiter bewegt bleiben wird — mit zwei kleinen Kindern, einem erwachsenen Sohn in einer anderen Stadt, dem Vater in Niederbayern und einem Hund — davon geht sie aus. „Ruhe und Gelassenheit kommen dann von innen", sagt sie schmunzelnd.

Große Kinder, große Freiheiten?

Die Hoffnung, ihre Hobbies mit zunehmendem Alter ihrer Söhne wieder stärker ausleben zu können, hegt auch Elke Walther: Einerseits, weil die Kinder selbständiger werden. Aber auch, weil sie sich als Mutter zweier Kinder erst in ihre Rolle einfinden und lernen musste, ihre Bedürfnisse zu formulieren. „Früher habe ich meinen Mann gefragt, ob ich an einem bestimmten Abend der Woche weggehen kann", erzählt die Pharma-Vertriebsmanagerin. Jetzt hat das Paar feste Abende festgelegt: Donnerstags hat ihr Mann seinen freien Abend, mittwochs sie.

An diesem Abend verabredet sie sich mit Freundinnen oder geht ins Kino. Manchmal nimmt sie sich auch gar nichts vor. Dann setzt sie sich zu Hause in ihr Zimmer, liest ein Buch und genießt es, dass sie sich einen Abend um nichts kümmern muss.

„Es muss ja nicht immer der große Wurf sein. Häufig reichen schon kleine Auszeiten", hat sie festgestellt. Zweimal pro Woche verabredet sie sich mit einer Freundin zum Joggen. Es gibt keine festen Tage, sie machen es von Mal zu Mal aus. Aber es hilft Elke Walther, auch tatsächlich Sport zu treiben. Würde sie ohne Partnerin laufen, fiele es wohl jedes zweite Mal ins Wasser, sagt sie. Das kennt sie von ihrer Mitgliedschaft in einem Fitnessstudio. Sie hat bewusst ein günstiges gewählt, weil sie immer wieder mit sich kämpft, ob sie zum Training geht oder lieber etwas anderes macht. Der Vorteil an der jetzigen Lösung: Das schlechte Gewissen ist nicht so groß, wenn sie nur selten Präsenz zeigt.

„Sich diese Freiheiten rauszunehmen, war ein Prozess für mich." Zwölf und 15 Jahre sind ihre Söhne jetzt alt. Als regionale Vertriebsleiterin eines

Pharmakonzerns ist sie zwei oder drei Tage die Woche unterwegs. Den Reflex, die eigenen Bedürfnisse hinten an zu stellen, weil sie unter der Woche schon abwesend ist, kennt sie auch. Aber sie gibt ihm nicht immer nach. Viel eher gestaltet sie ihre kleinen Auszeiten flexibel, so wie es für die Familie und die Kinder passt. Zudem hat sich angewöhnt, im Haushalt Abstriche zu machen: „Mir ist Ordnung sehr wichtig, meistens klappt es sehr gut. Wenn nicht – Augen zu und durch! Es überleben trotzdem alle", sagt sie und lacht.

Voriges Jahr gönnte Elke Walther sich eine richtig große Flucht: Mit zehn Freundinnen flog sie nach Südafrika und verbrachte eine Woche in der Natur. Eine super Erfahrung, sagt sie, die sie gerne wiederholen möchte. „Es kommt mir sehr zugute, dass ich als Working Mom finanziell unabhängig bin. Ich habe mein eigenes Konto, so dass es bei solchen Themen zumindest in finanzieller Hinsicht überhaupt keine Abstimmungsprobleme mit meinem Mann gibt."

> **TIPP** „Oft genügt es schon, im Kleinen anzufangen: Regelmäßige Verabredungen zum Joggen oder ein wöchentlicher freier Abend nur für mich genügen mir, um zu entspannen."
>
> *Elke Walther, Mutter zweier Söhne*

Die Unternehmerin Ina Steidl hat eine ähnliche Abmachung mit ihrem Mann: Sieben Tage im Jahr darf jeder machen, was er oder sie möchte. Ihr Mann sucht sich eher exotische Ziele aus und fährt beispielsweise nach Island. Ina Steidl steigt gerne in einem Wellness- oder Wanderhotel ab und lässt es sich gut gehen. In ihr einstiges Hobby, den Triathlon, konnte sie noch nicht wieder einsteigen, sagt die Mutter zweier Mädchen. Dafür fehlt ihr die Zeit. Immerhin zum Joggen — zweimal pro Woche mindestens — und zum gelegentlichen Schwimmen kommt sie schon wieder.

> **TIPP** „Mein Mann und ich haben eine Abmachung: Jeder von uns darf sieben Tage im Jahr alleine verreisen. Um Abstand zu bekommen, um sich zu erholen, um Energie zu tanken."
>
> *Ina Steidl, zwei Töchter, sechs und zwei Jahre*

Auch Susan Kock gönnt sich gelegentliche Auszeiten — zwischendurch und spontan unter der Woche. Die Dänin verbringt die Wochenenden gerne zu Hause mit ihrem Mann und ihren drei Kindern. Ausflüge und große Aktivitäten planen sie selten. Was sie allerdings ohne ihre Familie macht, sind Shopping-Ausflüge. Dann erzählt sie weder ihrem Mann noch ihrer Kinderfrau oder den Kindern, was sie vorhat und geht zusammen mit einer Freundin oder alleine bummeln und einkaufen. „Das gibt mir ein Gefühl von Freiheit", sagt sie schmunzelnd. Weil sie mal ausbricht aus dem Alltag. „Solche Tage sind mein großer Spaß."

Pralles Leben: Termine, Teenager, Training

Silke, du hast einen herausfordernden Vertriebsjob im Frankfurter Börsenumfeld und bist alleinerziehende Mutter einer 15-Jährigen und eines Zwölfjährigen. Trotzdem treibst du fast täglich Sport. Wie schaffst du das?

Silke Richter-Derix: „Sport war schon immer sehr wichtig für mich, es ist mein Ausgleich zum Job. Bewegung hilft mir, abzuschalten und zufrieden zu sein. Meine Kinder haben das von früh an mitbekommen und sich daran gewöhnt. Wenn ich mal schlecht gelaunt nach Hause komme, sagen sie inzwischen: ‚Mama, zieh dir deine Laufschuhe an. Dann geht es dir schnell besser.'"

Wie gelingt dir ein so intensives Hobby organisatorisch?

Silke Richter-Derix: „Im Sommer leichter als im Winter... Dann starte ich den Tag mit Morgensport. Ich stehe zeitig auf und gehe beispielsweise laufen. Darauf folgt ein gemeinsames Frühstück mit meinen Kindern, um 7.30 Uhr gehen wir aus dem Haus. Zwischen 18 und 19 Uhr komme ich nach Hause, meine Kinder wurden zwischenzeitlich von unserer Kinderfrau betreut. Nach der Kontrolle der Hausaufgaben oder meiner Unterstützung für Referate machen wir häufig gemeinsam Sport. Das ist das Schöne daran, wenn die Kinder größer werden."

Welchen Sport macht Ihr gemeinsam?

Silke Richter-Derix: „Schwimmen, Leichtathletik und Reiten. Mit meiner Tochter nehme ich ab und zu an verschiedenen Wettkämpfen im Jahr teil. Mein Sohn spielt außerdem Tennis. Im Sommer gehen wir alle drei abends zusammen raus, laufen, spazieren oder schwimmen. Manchmal kommen ihre Freunde mit. Am Wochenende stehen auch schon mal längere gemeinsame Trainingseinheiten an. Außerdem reite ich mit meiner Tochter aus. Nach all diesen ‚Ausflügen' suchen wir jedoch bewusst die Zeit für eine ruhige Runde am Tisch mit Kakao und Plundern. Dies sind

Momente, die im Verhältnis zum täglichen Wegsein der Mutter von den Kindern wesentlich kürzer, aber essentiell sind. Und somit auch vieles wieder auffangen."

„Mama reitet": Charlotte aus München, acht Jahre

Interessieren deine Kinder sich zufällig für denselben Sport oder hast du es so gelenkt?

Silke Richter-Derix: „Ich habe schon versucht, sie an denselben Sport heranzuführen. Weil ich es schön finde, wenn wir gemeinsame Interessen haben, zudem gibt es auch ganz praktische Vorteile: Beim Training gehen wir den Schulalltag nochmal durch, das geht viel besser als zu Hause am Tisch oder auf dem Sofa. Ohnehin ist unser Umgang miteinander leichter, spielerischer. Es macht Spaß, gegen meine Tochter im Training anzutreten. Sie ist teilweise schon besser als ich."

Das klingt, als hättet ihr nie Zeitmangel…

Silke Richter-Derix: „Naja, gerade in der kalten Jahreszeit fällt es mir manchmal nicht ganz leicht, morgens so früh aufzustehen. Auch meine Kinder geben mir hin und wieder zu verstehen, wenn es ihnen zu viel ist. Und das ist gut so — weil sie mich auf ihre Weise immer wieder in ein gesundes Gleichgewicht zurückbringen."

Claudia Weiss kennt die Freude darüber, wenn das eigene Kind in die Fuß-stapfen tritt. Die Hamburger Beraterin singt seit ein paar Jahren in einer Band. Hin und wieder nimmt sie Gesangsstunden. Sie hat großen Spaß an der Musik, an gemeinsamen Proben und gelegentlichen Auftritten. Alle vier Wochen trifft sie sich mit ihren Bandmitgliedern, um fünf, sechs Stun-den intensiv zu proben. „Die Musik gibt mir die Möglichkeit, Dampf abzu-lassen und mich zugleich weiterzuentwickeln", sagt sie. Inzwischen macht auch ihre elfjährige Tochter Musik. Als die ihr ganz beiläufig erzählte, dass sie ein selbst komponiertes Lied, das sie mit ihrem Gitarrenlehrer aufge-nommen hatte, bei einem Kinder-Komponisten-Wettbewerb einschicken wollte, war die Mutter ziemlich stolz.

Ihre Hobbys und ihr Ausgleich zur Arbeit und zur Familie verlangen ihren Kindern zwar manchmal etwas Entgegenkommen ab, weil sie hier und da auf ihre Mutter verzichten müssen, aber Claudia Weiss glaubt, dass sie letztendlich davon profitieren. „Es ist für mein und das Wohlbefin-den meines Mannes wichtig, dass wir auch unseren eigenen Bedürfnissen nachkommen können. Unsere Kinder profitieren davon, weil sie ausgegli-chenere und zufriedenere Eltern haben", sagt die Beraterin. Durch ihre Teilzeittätigkeit verbringt sie zudem ausreichend Nachmittage mit ihren Schulkindern, denkt die 44-Jährige.

Sport ist die zweite große Leidenschaft von Claudia Weiss: Bikram-Yoga und Pilates macht sie am Wochenende, ein- bis zweimal in der Woche läuft sie in Hamburg um die Außenalster, den See mitten in der Stadt mit einer Laufstrecke von rund siebeneinhalb Kilometern. Der Wassersport hat es ihr ebenfalls angetan: Zusammen mit ihrem Mann und ihren Kin-dern geht sie gerne Wellenreiten und Windsurfen. Meistens im Urlaub, im Sommer auch hin und wieder an den Wochenenden. Unter der Woche muss das Stand-up-Paddeln genügen: Jeden Dienstagabend trifft sie sich mit Freundinnen und Bekannten bei den „SUP Deerns", einem offenen Event zum Paddeln auf den Alsterarmen.

Was nach einem durchchoreografierten Freizeitprogramm klingt, soll nach den Worten von Claudia Weiss jedoch alles andere sein: Die Mög-lichkeit, ihre Zeit sinnvoll zu nutzen, jedoch ohne Zwang und Stress. „Ich schaffe es in keiner Woche, allen meinen Hobbies nachzugehen. Aber das ist auch gar nicht mein Anspruch", betont sie. „Sondern fit zu bleiben und einen Ausgleich zu finden."

Damit betont die Hamburgerin, was vielen Müttern spätestens nach eini-gen Jahren des Mutterseins wichtig ist: Mit Herzblut an Sachen herangehen, egal ob im Job oder privat, aber nicht mit Verbissenheit. „Ich stelle fest, dass gerade Frauen sehr perfektionistisch an alles herangehen", sagt auch Mareile Kaestner, Chefin der Bauma-Messe in München. „Wir wollen alles bedenken, alle Eventualitäten abdecken, nichts dem Zufall überlassen. Schluss damit! Das setzt uns alle viel zu sehr unter Druck."

Sie plädiert dafür, ein neues Selbstverständnis zu etablieren, auch und gerade in Richtung Arbeitgeber: Leistungsbereitschaft und Professionalität ja, allerdings mit Selbstbewusstsein und dem Mut zur Lücke — und dem Spaß an Kindern, der Karriere und dem Leben!

„Wir haben das Lebensglück nicht gepachtet!"

Protokoll einer anonymen Working Mom:

„2013 bekam ich die Diagnose: Bei mir wurde Schilddrüsenkrebs festgestellt. Langsam wachsend. Man operierte mich und seitdem ist mein linkes Stimmband gelähmt. Viel schlimmer war aber die Nachricht, dass der Krebs nicht weg war. Der Tumor hatte schon weit gestreut, man konnte aber nicht feststellen, wohin überall. Es war ein Schock.

Das war ein harter Aufschlag für mich. Tausend Gedanken rasten mir durch den Kopf. Wie sollte ich jetzt weiterleben? Sollte ich meinen Job aufgeben? Eine lange Reise unternehmen, die Kinder aus der Schule holen? Ich diskutierte viel mit meinem Mann darüber, aber es dauerte, bis ich mehr Klarheit hatte. Die Krebszellen waren zwar schon im Körper verteilt, aber sie richten bislang keinen Schaden an. Sie tun nichts — ich muss keine Medikamente nehmen und keine Therapie machen. Im Grunde kann ich 100 Jahre alt werden.

Heute kann ich sehr gut mit der Diagnose leben. Es gibt eben Dinge im Leben, die kann ich nicht ändern. Man bekommt sowieso auf nichts eine Garantie. Eigentlich kann ich sagen, dass mir die Krankheit ein Zugewinn an Lebensqualität brachte. Meine Prioritäten haben sich verschoben, ich kann viel besser den Augenblick genießen.

Ich weiß, dass ich viel stärker auf mich achten muss und ein stabiles Immunsystem brauche, damit ich weiter gesund bleibe. Ich habe mich viel damit beschäftigt, welche positiven Einflüsse Meditation und Ernährung auf meinen Zustand haben können. In den USA gibt es bereits eine ganze Branche von Achtsamkeitskliniken, in denen diese Inhalte vermittelt werden. Sie fußen auf den Erkenntnissen des emeritierten MIT-Professors Jon Kabat-Zinn. Dank Achtsamkeitstraining, so ist er überzeugt, können Menschen besser mit Stress, Angst und Krankheiten umgehen. Kabat-Zinn hat dazu Vorträge beim Weltwirtschaftsforum in Davos und anderswo vor hochkarätigem Publikum gehalten, er ist eine respektierte Persönlichkeit.

Vor meiner Diagnose hatte ich mit diesen Themen nichts am Hut, jetzt aber nahm ich an einem solchen „Mindfulness based stress reduction"-Kurs (MBSR) teil. Ich machte den berühmten Rosinentest, um zu lernen, wie man etwas bewusst schmeckt. Tatsächlich lernte ich, mal nichts zu tun — als Gegengewicht zu den 1.000 To-Do-Listen, die ich ständig im Kopf habe. Das betrifft ja alle berufstätigen Mütter, die manchmal nicht mehr wissen, wie sie alle Bälle in der Luft halten sollen. Beim Nichtstun geht es nicht darum, die Zeit mit Joggen, Schwimmen oder Lesen zu verbringen. Ich sollte gar nichts tun. Anfangs fand ich es schwer, aber ich habe das wieder gelernt. Tatsächlich tut mir dieses Innehalten und Stehenbleiben gut. Ich merke, wie es sich positiv auf meine Seele auswirkt.

Dieses Gefühl und diese Haltung versuche ich seitdem, in meinen Alltag zu integrieren. Unter der Woche stehe ich vor meinen Kindern und meinem Mann auf und mache Yoga und Meditation. Auf Geschäftsreisen praktiziere ich eine sogenannte Sitzmeditation — und einmal im Jahr fahre ich zehn bis vierzehn Tage nach Indien zur Ayurveda-Kur.

Meine geänderte Lebenseinstellung hat einen deutlichen Einfluss auf meine Umgebung: Freunde und vor allem Freundinnen haben auch ohne Krankheitsdiagnose Ideen von mir aufgegriffen und verbessern ihre Work-Life-Balance. Das macht mich froh.

Ich habe mich sehr schnell dazu entschlossen, meine Arbeit wie zuvor weiterzumachen. Der große Unterschied ist allerdings, dass ich heute achtsamer bin. Mit mir und meiner Gesundheit, mit meinem Mann und meinen Kindern. Mit all dem, was mir lieb und teuer ist."

Wer sind die Working Moms?

Working Moms e.V. ist ein Netzwerk engagiert berufstätiger Mütter. Die Working Moms stehen dafür, dass Frauen selbstverständlich beides haben können — Kinder und Karriere.

Die Working Moms fördern Frauen und setzen sich für eine bessere Vereinbarkeit von Familie und Beruf ein — innerhalb ihres Netzwerkes und darüber hinaus. Indem sie ihre Erfahrungen weitergeben, wollen die Working Moms zu einem Umdenken bei den Frauen selbst, bei Arbeitgebern und in der Gesellschaft beitragen.

Working Moms e.V. wurde 2007 in Frankfurt am Main gegründet, weitere Vereine sind inzwischen in Berlin, Düsseldorf, Hamburg, Mannheim, München und Stuttgart aktiv. Seit Anfang 2009 gibt es den Bundesverband Working Moms e.V., unter dessen Dach sich bis Ende 2015 insgesamt rund 400 ambitioniert berufstätige Mütter engagieren. Der Verein ist als gemeinnützig anerkannt.

www.workingmoms.de

Interviewpartnerinnen

Dr. Virginia Bastian

Dr. Antje Baumann

Karin Bernlochner

Julia Böge

Astrid Bohé

Dr. Annette Bruce

Bettina Burbach

Dr. Anke Bytomski-Guerrier

Henrike Diers

Inga Draeger

Annette Feißel

Dr. Ivonne Feldermann

Mirja Gerlach

Caroline Gilles

Frauke Grotjahn

Isabel Hochgesand

Britta Hübner

Katrin Jenner

Andrea Jochum

Mareile Kaestner

Dr. Phoebe Kebbel

Anja Klatt

Susan Kock

Uta Lecker-Schubert

Dr. Julia Leichnitz

Diana Meyel

Dr. Anke Nestler

Dr. Juliane Reichelt

Silke Richter-Derix

Ina Steidl

Dr. Fee Steinhoff

Dr. Anett Tillmann

Anja Unglaub

Nicole Voigt

Franziska von
Lewinski

Anette von
Löwenstern

Aletta von
Massenbach

Sophia von Rundstedt

Katrin Wagner

Elke Walther

Dr. Christina
Weiler-Normann

Claudia Weiss

Nina Zimmermann

- ▸ Dr. Virginia Bastian, Personalleiterin, Nestlé Purina Petcare, Working Moms (WM) Frankfurt
- ▸ Dr. Antje Baumann, Anwältin/Partnerin, Corinius, WM Hamburg
- ▸ Karin Bernlochner, Projektmanagerin, Werk1, WM München
- ▸ Julia Böge, Personalberaterin, Intersearch Exekutive Consultants, WM Hamburg
- ▸ Astrid Bohé, Partnerin, IBM, WM Frankfurt
- ▸ Dr. Annette Bruce, Geschäftsführende Gesellschafterin, Creative Advantage, WM Hamburg
- ▸ Bettina Burbach, Unternehmerin/Designerin, Sousi, Gründerin Working Moms München, aktuell 2. Verbandsvorstand
- ▸ Dr. Anke Bytomski-Guerrier, Abteilungsleiterin Controlling, Marketing und Vertrieb, Berliner Verkehrsbetriebe, WM Berlin
- ▸ Henrike Diers, Ingenieurin/Einkaufsleiterin, Siemens Wind Power, WM Hamburg
- ▸ Inga Draeger, Managerin Biosimilars, Pro Generika e.V., WM Berlin
- ▸ Annette Feißel, Anwältin/Partnerin, Raue, Gründerin Working Moms Berlin
- ▸ Dr. Ivonne Feldermann, Beraterin/Senior Project Manager, selbständig, WM Düsseldorf
- ▸ Mirja Gerlach, Unternehmerin, Münch Edelstahl GmbH, WM Düsseldorf
- ▸ Caroline Gilles, Senior Corporate Counsel/Syndikusrechtsanwältin, Lixil Water Technology, Gründerin Working Moms Verein Düsseldorf
- ▸ Frauke Grotjahn, Wirtschaftsingenieurin, DNV GL Gruppe, WM Hamburg
- ▸ Isabel Hochgesand, Geschäftsführerin Supply Chain, Procter & Gamble Deutschland, Österreich, Schweiz, WM Frankfurt
- ▸ Britta Hübner, Unternehmensberaterin in Sanierungsfällen, Hübner Interim, WM München
- ▸ Katrin Jenner, Marketing-/Vertriebsdirektorin, Harper Collins Germany GmbH, WM Hamburg

- Andrea Jochum, Manager Corporate Communications, von Rundstedt, WM Düsseldorf
- Mareile Kaestner, Projektleiterin Bauma, Messe München, WM München
- Dr. Phoebe Kebbel, Managing Partner, Hering Schuppener Consulting Strategieberatung für Kommunikation GmbH, Gründerin Working Moms Frankfurt
- Anja Klatt, Vermögensberaterin, Auretas Family Trust, WM Hamburg
- Susan Kock, Marketingmanagerin, Lilly Deutschland, WM Frankfurt
- Uta Lecker-Schubert, Netzwerkmanagerin, Deutsche Gesellschaft für Personalführung e.V., WM Düsseldorf
- Dr. Julia Leichnitz, Ingenieurin, Jungheinrich, WM Hamburg
- Diana Meyel, Managing Partner/Mitglied der Geschäftsleitung, Cipio Partners, WM München
- Dr. Anke Nestler, Unternehmerin, Valnes Corporate Finance, Gründerin Working Moms Frankfurt
- Dr. Juliane Reichelt, Rechtsanwältin, WM Stuttgart
- Silke Richter-Derix, Vice President Finanzbranche, WM Frankfurt
- Ina Steidl, Personalberaterin/Unternehmerin, Schollmeyer & Steidl, 1. Vorstand Working Moms Verband, WM Frankfurt
- Dr. Fee Steinhoff, Innovationsmanagerin, Telekom Innovation Laboratories, WM Düsseldorf
- Dr. Anett Tillmann, Radiologin, Leitende Oberärztin, Bundeswehrkrankenhaus Berlin, WM Berlin
- Anja Unglaub, Vice President, Bosch, WM Stuttgart
- Nicole Voigt, Wirtschaftsingenieurin, Partner und Managing Director, The Boston Consulting Group, WM Düsseldorf
- Franziska von Lewinski, Vorstand Digital, Fischer Appelt, WM Hamburg
- Anette von Löwenstern, PR-Beraterin, selbständig, WM Hamburg
- Aletta von Massenbach, Senior Executive Vice President, Fraport AG, WM Frankfurt
- Sophia von Rundstedt, Juristin/Unternehmerin, von Rundstedt, WM Frankfurt
- Katrin Wagner, Augenoptikermeisterin/Unternehmerin, Campbell, WM Stuttgart
- Elke Walther, Regionale Vertriebsleiterin, Janssen/Johnson & Johnson, WM München
- Dr. Christina Weiler-Normann, Oberärztin, Universitätsklinikum Hamburg-Eppendorf, WM Hamburg
- Claudia Weiss, Beraterin/Partnerin, Company Companions, WM Hamburg
- Nina Zimmermann, Managing Director Digital, Burda Mediengruppe, WM München

Danksagung

Dieses Buch ist ein großes Gemeinschaftsprojekt. Ich danke allen Working Moms, die daran mitgewirkt haben, allen voran Phoebe Kebbel, die die Idee dazu hatte und es beharrlich vorangetrieben hat; den Interviewpartnerinnen für ihre Offenheit und ihr Vertrauen sowie Sabine Morgenthal, Ina Steidl und Anke Nestler, die meine Arbeit mit kritischem Auge begleitet haben.

Ein großer Dank gilt den vielen Kindern der Working Moms, die für uns gezeichnet haben.

Natürlich auch den Vereinsvorständen, die die Kommunikation mit den Mitgliedern gesteuert haben. Mit ihrem juristischen Sachverstand waren Sabine Funke, Britta Klingberg, Andrea Kröpelin und Tanja Schienke mir eine zuverlässige Hilfe. Erwähnen möchte ich auch Nicole Mai, meine Co-Gründerin der Hamburger Working Moms. Ohne sie hätte ich dieses Buch nie geschrieben.

Auf Seiten des Verlags waren mir Danja Hetjens, Bianca Labitzke und Britta Fietzke zuverlässige und engagierte Ansprechpartnerinnen.

Das größte Dankeschön geht an meine eigene Familie, die mir nicht nur für dieses Projekt den Rücken freigehalten hat, die mich bestärkt und unterstützt und die akzeptierte, dass ich so manches Wochenende am Schreibtisch verschwand. Es war herzerwärmend zu beobachten, mit welchem Interesse und mit wie viel Euphorie meine Töchter Anteil an diesem Projekt genommen haben.

Über die Autorin

 Stefanie Bilen ist Wirtschaftsjournalistin und Herausgeberin von SAAL ZWEI, einem Online-Business-Magazin für Frauen. Ihre Laufbahn startete sie in Düsseldorf beim Handelsblatt, Tätigkeiten bei der Financial Times Deutschland, dem Harvard Business Manager sowie dem Wall Street Journal Deutschland schlossen sich an. Sie ist Kolumnistin beim Wirtschaftsmagazin Bilanz Deutschland.

Als Mutter zweier Töchter weiß sie, was es bedeutet, Dienstreisen oder Vorstandsinterviews mit Theatervorführungen an der Schule oder Mathehausaufgaben zu vereinbaren. Zugleich ist sie froh, dass ihre Mädchen sie tagtäglich auf den Boden der Tatsachen zurückholen.

Stefanie Bilen engagiert sich in Netzwerken, sie ist Co-Gründerin der Working Moms in Hamburg. Aktuell ist sie zudem Mitglied des Frauenbeirats der Hypovereinsbank.